SANA Y VIVE

SANA
Y VIVE

SANA TUS HERIDAS Y ROMPE EL CICLO DE LA VIOLENCIA DOMÉSTICA

ANTONIA WINTERS

MISIÓN

SANA Y VIVE
Publicado Por Editorial Misión

Copyright © 2025 por Antonia Winters

Primera Edición: Diciembre 2025

L ibro Tapa Blanda: 978-1-958677-54-4
Libro Tapa Dura: 978-1-958677-56-8

Para obtener más información, envíe un correo electrónico a info@EditorialMision.com

Editorial Misión publica libros simples y útiles para emprendedores, *coaches*, conferencistas y dueños de negocio, con la intención de impulsarlos a transformar vidas con su mensaje. Nuestros libros son fáciles de crear y rápidos de leer, diseñados para solucionar un problema en específico. Editorial Misión ofrece un proceso sencillo para permitir que los emprendedores y dueños de negocios se beneficien de la autoridad que proviene de tener un libro, sin la molestia y el compromiso del tiempo normalmente asociado con definir, estructurar, escribir, corregir, editar, diseñar, publicar y promover su obra.

¿Tiene usted la idea de escribir un libro que transforme vidas?
Visite: www.EditorialMision.com para más detalles.

MISIÓN

Dedico este libro a Dios por su fidelidad inquebrantable.

A mi madre, Petra Pichardo.

A todos los niños y adolescentes que llamaron a la policía porque sus mamás no tuvieron fuerzas para hacerlo, y ellos tuvieron que ser fuertes por ellas en medio del miedo.

A todos los niños y niñas que nacieron con moretones en su pequeño cuerpo porque su madre fue golpeada en los últimos meses del embarazo, cargando dolor antes de nacer.

A todas las mujeres que perdieron a sus bebés a causa de los golpes.

A todas las mujeres e hijos que perdieron la vida por la violencia doméstica.

A todos los hombres que sufren violencia doméstica y deciden ser valientes y buscar ayuda.

De todos ustedes nació este libro devocional en mi corazón, porque caminé con muchos de ustedes en su dolor.

Por cada lágrima derramada, que es una oración pidiendo sanidad, les dedico este libro con todo mi amor y mis oraciones para que encuentren sanidad y restauración.

ÍNDICE

INTRODUCCIÓN

¿Alguna vez has sentido que el dolor que cargas no empezó contigo... pero vive dentro de ti? Tal vez aprendiste a sonreír mientras sangrabas por dentro. Tal vez callaste por años creyendo que era normal, que así era la vida, que así te tocó amar, aguantar o sobrevivir.

He caminado junto a muchas mujeres, hombres y familias que viven atrapados en ciclos de violencia, abuso, miedo y silencio. Personas buenas, de fe, que aman a Dios, pero siguen rotas por dentro. **No porque les falte fe, sino porque nunca les enseñaron a sanar**.

La violencia doméstica, el trauma infantil y el abuso no solo dejan marcas físicas. Dejan huellas en el alma, distorsionan la identidad, destruyen la autoestima y enseñan a relacionarse desde el miedo, el control o la dependencia. Y lo más doloroso... se repiten de generación en generación.

Este libro existe porque sí hay una salida. Aquí no vas a encontrar teoría fría ni religión que juzga. Vas a encontrar un camino claro, humano y espiritual para sanar desde la raíz: espíritu, alma y cuerpo. Un proceso real de restauración interior.

Escribo desde mi propia historia y desde antes del año 1997 he acompañando a víctimas de violencia doméstica, abuso sexual, trauma y familias rotas. He trabajado en cortes, refugios, grupos de apoyo, iglesias y comunidades. **He visto el dolor... pero también he visto la sanidad**.

Lo que aquí te comparto no es improvisado. Es un camino que he recorrido muchas veces y he comprobado sus resultados. Personas que estaban quebradas hoy viven en libertad. Familias que repetían violencia hoy viven en paz. La sanidad es posible cuando se hace de la manera correcta.

En estas páginas aprenderás a reconocer el daño, romper el silencio, sanar la identidad, perdonar sin seguir en el dolor, volver a Dios sin miedo y cortar ciclos que no quieres heredar a tus hijos. Esto no es solo información... es **transformación**.

No esperes un día más. La sanidad comienza cuando tú lo decides. Si sigues los pasos que te revelo en este libro, vas a renacer emocional y espiritualmente, vas a recuperar tu voz, tu dignidad y tu paz... y tu historia dejará de ser una herida para convertirse **en propósito**.

Este es tu momento.

ANTONIA WINTERS

CAPÍTULO 1

Huellas Profundas

Recuerdo el rostro de mi madre cuando yo era una niña. En él se reflejaban las huellas del dolor y del sufrimiento de la violencia doméstica: los golpes, los gritos y las humillaciones. Yo podía ver **el miedo** en su rostro cada vez que mi padre llegaba a casa.

Como niña no comprendía lo que estaba pasando. Solo comencé a sentir un miedo profundo en mi corazón. El dolor y la tristeza empezaron a llenar mi alma desde una edad muy temprana, marcando mis recuerdos y mi forma de sentir la vida.

En mi adolescencia, mi madre me decía que ya no aguantaba más esa vida de abuso, pero que no tenía los medios ni las fuerzas para salir. Como mujer y por su cultura, sentía que era su deber quedarse y cargar esa cruz que decía que le había tocado.

Aguantar todo y callar. Se sentía atrapada, sin salida. El silencio fue su arma más fuerte. No decía nada, se guardaba todo en el alma, pero yo podía ver las marcas de su dolor en su rostro.

Mi madre, en el silencio, lloraba. En el silencio le pedía a Dios. En el silencio encontraba fuerzas para seguir adelante. Con su rostro blanco, sus ojos cafés, su pelo ondulado negro y su alma llena de dolor, sacaba fuerzas para llevar el alimento cada día a sus hijos.

Un día, en medio del dolor y la desesperación, **le hice una promesa**: que algún día ayudaría a muchas mujeres a salir de la violencia doméstica, a sanar y a salir del dolor. Ella sonrió y me dijo que solo quería que sus hijos no sufrieran como ella.

Con mi mamá Petra Pichardo

Por mucho tiempo estuve en busca de la sanidad interna. Llevaba mucho dolor y traumas dentro de mí: miedos, inseguridades, dolor y coraje, por todos los abusos que pasé a través de los años, no solo físicos, sino también tráfico humano y acoso sexual.

Busqué ayuda en programas, cursos, talleres, rituales, religiones y espiritualidad. Estuve en una búsqueda constante. Todo me ayudaba de forma temporal. Caí en la bulimia, llegaba la depresión y el dolor siempre volvía a renacer. Me cansé de buscar, porque nada era permanente.

Yo pagaba dinero en todos esos lugares en busca de sanar y terminar con el sufrimiento. Alguien me habló del amor de Dios, pero yo ya había intentado de todo y, con el tiempo, el dolor siempre regresaba. Eran cambios temporales, solo trabajaban la mente con ideas nuevas y prácticas diferentes.

Lo que realmente necesitaba era sanar profundamente, liberarme del dolor que llevaba dentro y que me esclavizaba a un mundo de desesperación. Empecé a aprender sobre las raíces del dolor hasta que comencé como voluntaria en **Casa Refugios**, un refugio de mujeres (*women's shelter*).

Ahí descubrí que la verdadera sanidad ocurre cuando se trabaja **el espíritu, el alma y el cuerpo**.

He sido **consejera de violencia doméstica** por muchos años y he dedicado mi vida a ayudar a miles de mujeres, adolescentes y varones. He trabajado con programas gratuitos donde personas de toda clase económica reciben la misma ayuda, sin importar su estatus social.

A lo largo de este camino descubrí que la verdadera libertad no llega solo al salir del abuso, sino al sanar el alma y restaurar el espíritu.

Trabajé en la casa hogar por un buen tiempo y después fundé un programa latino dedicado a la restauración integral de mujeres, niños, adolescentes y hombres, con un enfoque claro en la sanidad interior como base para reconstruir vidas, familias y comunidades más sanas.

Integré en el programa grupos de apoyo para procesar emociones y el dolor vivido, formando diferentes niveles de sanidad hasta liderazgo, además de conferencias y acompañamiento.

Creamos grupos de sanidad a través del arte, grupos de jóvenes, de niños y de hombres, ofreciendo espacios seguros donde cada persona pudiera expresar y comenzar su proceso.

En estos grupos de sanidad interior he visto cómo el amor, la fe y el proceso de sanidad transforman corazones quebrantados en testimonios vivos de esperanza. No se trata solo de sobrevivir, sino de renacer con propósito hacia una vida nueva y un mejor futuro.

Sigo siendo parte activa de mi comunidad y de mi iglesia como consejera, mentora y apoyo espiritual, acompañando a toda persona que desea sanar el alma, perdonar el pasado y restaurar su fe.

Creo firmemente que cuando una persona sana, **toda la familia puede ser transformada**. Mi misión es acompañar, escuchar y recordarle a cada ser humano que no está solo, que su historia no termina en el dolor y que Dios puede restaurar incluso lo que parecía perdido.

Años después, mi padre dejó de ser ese hombre golpeador. Comenzó a leer la Biblia y a tener una relación personal con Dios. Tuve la dicha de perdonarlo y de disfrutar al padre amoroso que no tuve en mi niñez. Eso ayudó profundamente a mi sanidad en la edad adulta.

También tuve la dicha de ver a mi mamá más tranquila, disfrutando de sus hijos y de una vida nueva. Los amo hasta el cielo.

Él sana a los quebrantados de corazón y venda sus heridas
(Salmo 147:3)

Mis padres Reinaldo Holguín y Petra Pichardo

Renacimiento a través del dolor

En este libro devocional te comparto el fruto de veintiocho años de experiencia sirviendo como manejadora de casos y consejera en violencia doméstica y abuso sexual. Han sido años acompañando a víctimas en corte, participando en escuelas, ofreciendo educación, prevención y apoyo, y estando disponible para llamadas de crisis a cualquier hora.

Son décadas de escuchar historias reales, caminar junto a personas heridas, ver lágrimas convertirse en esperanza y presenciar cómo la fe y la sanidad interior transforman vidas. Todo lo que aquí comparto nace de ese camino de experiencias. Son herramientas prácticas que comparto contigo para tu restauración emocional y espiritual.

A través de los años, la violencia doméstica ha sido un **tema tabú** del que nadie quiere hablar. Sin embargo, cuando inicié los grupos de apoyo, algo nuevo comenzó a despertar en la comunidad: primero curiosidad, luego confianza y después testimonios reales de sanidad. Poco a poco, la voz se fue corriendo y las mujeres comenzaron a llegar.

Ellas encontraban un espacio seguro para hablar, sanar y ser escuchadas... y los grupos comenzaron a llenarse. Así empezamos a hablar de la violencia doméstica y de sus huellas en el alma. NO MÁS SILENCIO.

Este libro devocional está explicado de forma clara y detallada sobre la violencia doméstica, los traumas y cómo afectan a niños, adolescentes y adultos, así como las conductas de personalidad que se forman al crecer en el abuso y el dolor.

Este material está en tus manos para que tomes conciencia y des los pasos necesarios hacia tu sanidad.

El abuso y el maltrato **nunca deberían ser algo normal** en la existencia humana. Sin embargo, como cultura, religión o creencia, los hemos arrastrado a través de generaciones, afectando la vida de quienes los viven y de quienes crecen dentro de estas realidades.

Estas experiencias dejan huellas profundas en el alma. Afectan la vida cotidiana, dañan la autoestima y siembran miedos e inseguridades que terminan marcando nuestra historia y la de nuestros hijos con vacíos y dolores muy profundos.

Cuando estas heridas no se sanan, se convierten en ciclos de vida repetitivos que muchas veces comienzan en la niñez y, al no romperse, se repiten en la edad adulta.

A continuación te hablo de manera clara sobre los diferentes tipos de abuso y cómo nos afectan, así como una guía de ideas para comenzar tu proceso de sanidad y restauración interior.

Mi madre y hermanas

CAPÍTULO 2

¿Qué Es La Violencia Doméstica?

A continuación, te comparto las definiciones de los diferentes tipos de abuso, para que puedas identificarlos con claridad y reconocerlos sin confusión.

Abuso físico: Incluye actos que causan daño al cuerpo, como golpes, empujones, patadas, cachetadas, quemaduras, estrangulaciones o cualquier uso de objetos con la intención de hacerte daño.

Abuso emocional o psicológico: Son conductas que buscan controlar o humillar, como amenazas, chantajes, manipulación, indiferencia y hacerte creer que todo es tu culpa.

Abuso verbal: Es el uso de palabras para degradar o intimidar: gritos, insultos, burlas o lenguaje ofensivo. Frases como "eres fea", "nadie te va a querer", "no sirves para nada", "gorda", malas palabras y humillaciones constantes.

Abuso sexual: Incluye cualquier acto sexual sin consentimiento, acoso, tocar tus partes privadas sin tu permiso, forzarte a tener relaciones sexuales, obligarte a participar en actos con los que no estás de acuerdo, forzarte a ver pornografía o decirte que, por ser tu pareja, tienes que cumplirle.

Abuso económico o financiero: Consiste en controlar tu dinero o limitarte en necesidades básicas como la comida o los pagos de la casa. También incluye controlar tu cuenta bancaria, exigirte cuentas de todo lo que gastas, mientras la otra persona no comparte su dinero ni los gastos.

Abuso espiritual o religioso: Es usar la fe o la religión como medio de control, manipulación o culpa para someterte.

Abuso social: Ocurre cuando te restringen visitar a tu familia, amistades, comunidad o iglesia, alejándote poco a poco de las personas y espacios donde te sientes segura y protegida.

Abuso migratorio: Incluye amenazarte con reportarte a migración si no haces lo que te dicen, esconderte documentos, impedirte aprender inglés, romper tus papeles, ocultarlos para que no trabajes o decirte que llamarán a migración para cancelar tu proceso.

Abuso digital o tecnológico: Es el uso de redes sociales y tecnología para controlar, acosar, vigilarte a través de aplicaciones o humillarte públicamente.

Crecer en un hogar donde existe este tipo de abuso deja huellas profundas tanto en la niñez como en la adultez. Los gritos, golpes, insultos y el silencio forzado se convierten en el lenguaje cotidiano. Para muchos niños, el hogar que debería ser un lugar seguro y lleno de amor se transforma en un espacio de miedo y dolor.

Comprender cómo esto afecta psicológicamente es muy importante para romper patrones, tanto en niños como en adultos, y evitar repetir en la vida adulta lo que se vivió en la infancia. Lo que no sanamos, tarde o temprano, lo repetimos.

Cómo afecta la violencia doméstica en nuestra autoestima

Cuando crecemos en hogares violentos podemos sentirnos poco valiosos o culpables de lo que ocurre, como si fuéramos responsables de arreglar la situación. Crecemos con miedos, baja autoestima y sentimientos de inferioridad; algunos se vuelven tímidos y temerosos, y otros, por el contrario, hiperactivos o agresivos, buscando llamar la atención. Si no sanamos estas heridas, nos acompañarán toda la vida y nos conformaremos a vivir algo muy parecido a lo que vimos en casa.

El miedo constante: La exposición repetida a escenas de violencia provoca ansiedad e hipervigilancia. Se aprende a vivir siempre en alerta, esperando el próximo estallido de agresión.

Normalización de la violencia: Cuando se vive desde la infancia, la violencia comienza a parecer normal. En la vida adulta se pueden aceptar relaciones abusivas o convertirse en agresor, porque eso fue lo que se aprendió en la niñez.

Problemas emocionales y de conducta: La tristeza, la ira, las pesadillas y las dificultades de concentración son comunes. Algunos niños se vuelven retraídos; otros aparentan estar callados o muestran conductas agresivas. Esto puede extenderse a la adultez, repitiendo el rol de víctima o agresor.

Un corazón dañado por el abuso, la traición, el abandono y el ambiente en el que creció es un corazón que un día amó con pureza. Con los golpes de la vida **aprendió a protegerse** como mecanismo de defensa; sin embargo, con los años, esas mismas defensas que ayudaron a sobrevivir terminan impidiendo sanar y confiar nuevamente.

Vivir a la defensiva lleva a interpretar palabras como ataques y a reaccionar con enojo o aislamiento. En el fondo, existe el temor de volver a ser herido. Muchas veces se busca aprobación constante y sentirse validado o amado para poder sentirse valioso.

AGENDA UNA CITA

¿Quieres sanar de tus heridas y volver a vivir?

Agenda una sesión con Antonia Winters y comienza un camino de restauración emocional y espiritual, donde tu historia es escuchada con respeto, fe y compasión.

Sana heridas profundas, rompe ciclos de violencia y reconstruye tu vida con dignidad, paz y esperanza.

Sanar es posible.
Sana ya. Vive ya.

Reserva Una Sesión Hoy

Antonia Winters

Consejera

+1 (805) 423-4262

WHATSAPP

CAPÍTULO 3

El Impacto En Las Relaciones

La incapacidad de confiar, el miedo al abandono y la dificultad para poner límites saludables son secuelas que suelen aparecer en la vida adulta cuando se ha crecido en ambientes de abuso y dolor.

Hablar: el primer acto de valentía. El silencio impuesto por el miedo, por el qué dirán, por no querer que nadie se entere, o porque te dicen que es tu cruz y que lo que pasa en el hogar no es problema de nadie, ha sido parte de una cultura que enseña a callar y a cargar el dolor en silencio. Sin embargo, hablar de lo vivido es el inicio de la sanidad.

Romper el secreto libera y abre la puerta a la ayuda, a la comprensión y a la restauración del corazón herido desde la niñez. Hablar no siempre es fácil, pero es un acto de valentía que va rompiendo generaciones de dolor y abuso.

Cuando un hombre o una mujer alza la voz sobre lo vivido en la niñez, no solo inicia su propio proceso de sanidad, también abre camino **para que otros sanen**. Si no sanamos, tendremos dificultad para confiar en nosotros mismos y en los demás, convirtiéndonos en personas controladoras o perfeccionistas que intentan manejarlo todo para no volver a sufrir.

Repetición de patrones destructivos: Se atraen relaciones o situaciones que reflejan la herida original no sanada.

Falta de amor propio: La persona se conforma con menos de lo que merece porque no reconoce su valor.

Emociones reprimidas: Callar la tristeza, el enojo o la ira termina transformándose en ansiedad, depresión e incluso enfermedades físicas.

Apegos enfermizos: El corazón herido teme quedarse solo y, por miedo al abandono, tolera el maltrato, la indiferencia o el control, creyendo que algo de amor es mejor que nada.

Nadie merece cargar en silencio con las heridas de un abuso o de un hogar violento. Siempre hay esperanza.

Personalidad narcisista: Detrás de una personalidad narcisista suele haber una historia de abandono, humillación o falta de amor en la infancia. Ese niño o niña aprendió que debía sobresalir o fingir fortaleza para no ser lastimado(a), pero la máscara que un día lo protegió ahora le impide ser auténtico(a) y amar verdaderamente.

Cuando la víctima se convierte en victimario: El sufrimiento no sanado genera una profunda confusión emocional. El corazón dolido busca justicia, atención o comprensión, pero cuando no las encuentra, comienza a descargar su frustración sobre otros.

- El que fue humillado, humilla.
- El que fue ignorado, ignora.
- El que fue abusado, abusa.
- El que fue manipulado, aprende a manipular.
- El que fue controlado, busca controlar.

Muchas veces todo esto ocurre sin mala intención, de manera inconsciente, reflejando el dolor de un corazón que sangra por dentro.

Comportamientos de víctima constante: La persona se siente rechazada o incomprendida, culpa a los demás, busca responsables fuera de sí, manipula desde el dolor, usa la tristeza para llamar la atención, crea enfermedades imaginarias o controla para no ser herida otra vez. Cree que dominando evita el sufrimiento.

Esta persona hiere antes de ser herida, se vuelve fría, sarcástica o dura. Pero esto no nace de la maldad, sino de una forma de decir: mírame, estoy sufriendo.

Personalidad con tendencia masoquista: Busca relaciones dolorosas y se siente atraída por quienes la hieren. Tolera humillaciones, cree que el sufrimiento es parte del amor y se siente culpable cuando es feliz. Piensa que no merece disfrutar, se autosabotea, destruye sus logros cuando las cosas van bien y se sacrifica en exceso, poniendo a todos por encima de sí misma.

Tiene miedo a la paz; el silencio y la calma le resultan extraños. Confunde compasión con lástima y ayuda desde el dolor, no desde la libertad. El masoquismo nace de un corazón que nunca recibió amor sano, que fue criticado, abusado o ignorado, y aprendió a sobrevivir creyendo que el dolor era su destino.

Con el tiempo, ese patrón se internaliza: "si sufro, valgo; si aguanto, merezco amor".

La violencia doméstica es una herida silenciosa que no siempre se ve a simple vista. Aunque las marcas físicas desaparezcan, las cicatrices emocionales pueden permanecer por mucho tiempo. Sin embargo, la sanidad es posible.

Reconocer el abuso, hablarlo y buscar ayuda es un acto de valentía que abre el camino hacia la sanidad y la restauración. Toda persona que ha sufrido abuso debe recordar que no está sola, que no tiene la culpa y que **tiene derecho a una vida nueva**, llena de paz y dignidad.

CAPÍTULO 4

El Ciclo De La Violencia Doméstica

Antes de entrar en el tema, es importante dejar algo muy claro: **la violencia no comienza de golpe**. No aparece de un día para otro con un golpe o un grito. Se va construyendo poco a poco, casi sin darte cuenta, hasta atraparte en una dinámica que confunde, desgasta y lastima profundamente.

Muchas personas viven dentro de este ciclo durante años sin poder identificarlo. Saben que algo no está bien, sienten miedo, ansiedad y cansancio emocional, pero también guardan esperanza. Esperanza de que cambie, de que mejore, de que el amor sea suficiente. **Y esa mezcla de dolor y esperanza es lo que mantiene a muchas personas atrapadas**.

Este ciclo se repite una y otra vez. Tiene un patrón claro, predecible y peligroso. Cuando no se reconoce, la persona afectada termina justificando el abuso, debilitando la autoestima y nublando la capacidad de tomar decisiones. Conocer las siguientes fases no es para que te sientas mal, sino al contrario, es para abrirte los ojos y darte herramientas para que rompas el ciclo.

El ciclo de la violencia doméstica suele manifestarse en tres fases que se repiten, cada vez con mayor intensidad y menor tiempo entre una y otra. Reconocerlas es un acto de conciencia y el primer paso hacia la libertad.

1. Fase de acumulación de tensión:

En esta etapa, los conflictos comienzan a aumentar. La parte agresora se muestra irritable, critica constantemente, amenaza o controla de manera más marcada. La víctima siente miedo y ansiedad, y busca complacer para evitar un estallido de agresión. La tensión acumulada va creciendo hasta explotar en conductas que causan daño.

2. Fase de explosión o agresión:

Es el momento en que ocurre el maltrato directo: gritos, insultos, golpes, humillaciones o violencia sexual. La tensión acumulada estalla, dejando a la víctima herida física y emocionalmente.

3. Fase de luna de miel:

Después de la agresión, la parte agresora pide perdón, promete cambiar y puede mostrar cariño o arrepentimiento. La víctima, con esperanza, cree en las promesas, decide perdonar y se queda con la ilusión de que esta vez sí habrá un cambio. Sin embargo, con el tiempo, el ciclo se repite y suele volverse cada vez más corto y violento.

Consecuencias psicológicas

Vivir atrapados en este ciclo produce lo siguiente:

- Confusión, porque la misma persona que hiere también pide perdón.

- Dependencia emocional basada en la esperanza de

que esta vez sí habrá un cambio. No se trata de amor genuino, sino de una necesidad emocional disfrazada de cuidado.

- Codependencia, confundiendo compasión con obligación, amor con rescate y felicidad con miedo al abandono.

- Normalización del abuso, creyendo que es parte de la relación y que todo mejorará.

- Desgaste psicológico profundo entre el miedo y la ilusión.

Este ciclo de la violencia doméstica es una cadena que mantiene a la víctima atrapada en el silencio y la culpa. **Reconocerlo es el primer paso para romperlo.** Cada mujer y cada hombre merecen una vida libre de violencia, donde la paz no dependa de palabras vacías o manipuladoras, sino de la certeza de su valor y dignidad.

Señales y alertas de la violencia doméstica

Muchas veces el abuso comienza de forma silenciosa y sutil. Al inicio puede disfrazarse de amor, cuidado o celos justificados. Con el tiempo, estas actitudes se convierten en señales claras. Aprender a reconocer las alertas tempranas es fundamental para prevenir que el daño avance y atrape a la víctima en un ciclo destructivo.

Señales emocionales y psicológicas:

Celos excesivos disfrazados de cuidado, críticas constantes hacia la forma de vestir, hablar o actuar, minimizar logros o burlarse de los sueños, y manipulación emocional con frases como "sin mí no eres nada" o "nadie más te va a querer".

Señales de control:

Revisión del celular, redes sociales o correos sin permiso; decidir con quién puedes hablar o relacionarte; controlar la forma de vestirte; impedir trabajar, estudiar o desarrollarte personalmente.

Señales de violencia verbal y psicológica:

Insultos, gritos y humillaciones en público o en privado, incluso frente a los hijos; amenazas de abandono, daño físico o quitar a los hijos; acusaciones infundadas de infidelidad.

Señales de violencia física:

Empujones "accidentales", pellizcos, sujetarte con fuerza del brazo, bloquear la salida, aventar objetos, golpes directos o agresiones sexuales.

Estas señales nunca deben ser ignoradas. Lo que comienza como una actitud pequeña puede crecer hasta convertirse en una cadena de abuso. Reconocerlas es un acto de protección y amor propio. Mereces vivir sin miedo, con respeto y dignidad.

Mitos y realidades sobre la violencia doméstica

Este tema está rodeado de mitos y creencias equivocadas que confunden a la sociedad y dificultan que las víctimas busquen ayuda. Muchos de estos mitos justifican a la parte agresora y culpan a la víctima, perpetuando el silencio y el miedo. Desmantelarlos abre el camino hacia la verdad y la libertad.

Mito 1: Si la víctima se queda es porque le gusta.
Realidad: Nadie disfruta del maltrato. Muchas personas

permanecen por miedo, dependencia económica, presión social o cultural, manipulación emocional, por los hijos o por la religión.

Mito 2: Esto ocurre solo en familias pobres o sin educación. **Realidad:** No distingue clase social, nivel educativo, religión ni género. Puede estar en cualquier hogar, aunque en algunos se oculte mejor.

Mito 3: Hombres y mujeres son violentos por naturaleza.

Realidad: La violencia no es natural; es aprendida y justificada por patrones culturales, sociales o religiosos. Todos tenemos la capacidad de sanar y cambiar.

Mito 4: Si no hay golpes, no es violencia.

Realidad: El maltrato psicológico, verbal, económico y sexual también destruye y puede dejar huellas más profundas que los golpes.

Mito 5: Los hijos no se dan cuenta.

Realidad: Los niños perciben y sienten el ambiente, aunque no hablen. También son víctimas, incluso si nunca reciben un golpe directo o crees que no se enteraron.

Los mitos protegen a quien agrede y silencian a la víctima. Romperlos es el comienzo de la libertad. Cuando entendemos que el abuso no tiene justificación, empezamos a abrazar una verdad que nos conduce a la sanidad. La Verdad nos hace libres, y cada persona tiene un valor único e irrenunciable.

La familia

CAPÍTULO 5

¿Por Qué Es Tan Difícil Salirse?

Muchas personas, desde afuera, miran una relación violenta y se preguntan con facilidad: "¿por qué no se va?" o "si fuera yo, ya lo habría dejado". Lo dicen sin mala intención, pero lo dicen desde un lugar donde no se alcanza a ver todo lo que ocurre por dentro. **Salir de una relación violenta no es una decisión simple ni rápida.** No es solo empacar una maleta y cerrar una puerta. Es intentar soltar cadenas invisibles que se han formado con el tiempo, con el miedo, con la culpa y con la esperanza.

Quien vive violencia no solo enfrenta golpes o palabras hirientes. Enfrenta barreras emocionales profundas, dependencias aprendidas, temores reales, presiones sociales y una lucha interna constante entre lo que sabe que está mal y lo que teme perder si se va. Muchas veces la persona quiere salir... pero no sabe cómo, no se siente capaz o no se siente digna de algo mejor. **El abuso no solo hiere el cuerpo, confunde el corazón y la mente**.

Comprender estas razones es clave para acompañar sin juzgar. La mayoría de las personas que permanecen por mucho tiempo en relaciones abusivas no llegaron ahí por casualidad. Muchas crecieron viendo violencia, control, gritos o silencio en su hogar. Aprendieron desde niños que amar duele, que aguantar es normal y que callar es más seguro que hablar. **Ser víctima o agresor son conductas aprendidas**, no destinos inevitables.

El dolor que se carga por dentro es profundo. Se va transformando en pensamientos dañinos: "no valgo", "esto es lo que merezco", "no puedo sola", "mis hijos estarían peor sin esto". Y esos pensamientos atan más fuerte que cualquier palabra del agresor. Por eso, salir no es solo alejarse de una persona, **es desaprender una forma de vivir**.

Dependencia emocional:

La manipulación constante genera un lazo psicológico difícil de romper. La persona siente que no puede vivir sin quien le hace daño, aunque ese vínculo esté lleno de sufrimiento.

Esperanza en el cambio:

Después de la violencia llegan las disculpas y las promesas de cambio. La ilusión se reactiva y se permanece en la relación con la idea de no romper la familia, de no dejar a los hijos sin un hogar, sin padre o sin madre. Ese pensamiento aterra la mente y el corazón.

Miedo:

El temor a represalias, a amenazas contra la propia vida o la de los hijos, y el miedo al qué dirán, paralizan y bloquean la capacidad de actuar.

Aislamiento:

Quien agrede suele cortar los lazos con la familia y las amistades, dejando a la persona sin una red de apoyo y sintiéndose completamente sola.

Dependencia económica:

El miedo a no poder cubrir los gastos del hogar o cuidar de los hijos se convierte en una cadena que impide dar el paso.

Factores culturales, sociales y religiosos:

Algunas culturas, tradiciones o entornos religiosos presionan para soportar y aguantar, reforzando el ciclo de abuso y el silencio.

Salir de una relación de violencia doméstica no es fácil ni rápido. Es un proceso. Un camino que requiere apoyo, acompañamiento, paciencia y mucha valentía. Nadie sana solo, y nadie debería hacerlo cargando culpa o vergüenza. No se necesitan juicios, se necesita comprensión. No se necesitan frases duras, se necesita esperanza.

Cada paso que das hacia la sanidad te va liberando de la esclavitud del dolor. A veces será un paso pequeño: pedir ayuda, decir la verdad, poner un límite, reconocer que necesitas apoyo. Pero cada paso cuenta. **No solo estás sanando tu vida, también estás protegiendo a tus hijos y a quienes amas.**

Recuerda esto con amor: antes de vivir una vida de abuso, tuviste una infancia. Una infancia que necesitaba cuidado, amor y seguridad. Muchas veces no estás fallando, **solo estás repitiendo lo que aprendiste para sobrevivir.** Pero hoy puedes aprender algo nuevo: a vivir sin miedo.

Salir es posible. Sanar es posible. Y aunque hoy no veas todo claro, dar el primer paso ya es una victoria.

CONSEJERÍA

Ayudo a personas heridas por violencia doméstica

BENEFICIOS

Claridad emocional y espiritual
Ruptura de ciclos de violencia
Sanidad interior profunda
Fortalecimiento de identidad
Y mucho más...

CONTÁCTAME *HOY* MISMO

+1 (805) 423-4262

Consejería individual y en grupo para mujeres, hombres y familias en proceso de sanidad.

CAPÍTULO 6

Infancias Marcadas

Impacto de la violencia doméstica en los niños

La niñez es una etapa fundamental donde se siembran las bases de la vida adulta. Al comprender cómo el abuso afecta desde la infancia, se abre el camino hacia la prevención, la sanidad y la construcción de relaciones saludables y libres de violencia. Lo que se vive en casa se aprende y, muchas veces, se repite a través de generaciones.

Este tipo de violencia afecta profundamente a los niños, incluso cuando no son víctimas directas de la agresión. Aunque no reciban golpes, su corazón, sus emociones y su manera de ver la vida quedan marcados. El miedo, la confusión y el dolor se vuelven parte de su mundo interior.

Efectos emocionales y psicológicos

Los niños pueden vivir con ansiedad y miedo constante, permaneciendo siempre en alerta. Aparece la baja autoestima, la sensación de no valer, la tristeza profunda y la ansiedad. En muchos casos se presentan síntomas de estrés postraumático, como pesadillas y recuerdos dolorosos que no pueden controlar.

Efectos en el comportamiento

Algunos niños muestran conductas agresivas y violentas, repitiendo lo que ven y escuchan en casa. Otros se aíslan, evitan socializar, se vuelven callados y retraídos. En la escuela pueden surgir problemas de conducta, bajo rendimiento, hipersensibilidad emocional o actitudes muy pasivas o explosivas.

Efectos físicos y de salud

El cuerpo también resiente el impacto del estrés constante. Son comunes los dolores de cabeza, problemas estomacales y alteraciones del sueño. El desarrollo físico puede verse afectado por el descuido y el estrés prolongado, aumentando el riesgo de enfermedades.

Conductas de riesgo en la adolescencia

La adolescencia es una etapa de transformación física y emocional. Cuando en casa no hay apoyo, amor ni seguridad, el joven aprende a callar, pero el silencio no cura. El silencio ahoga el alma. Entonces el dolor busca salida y muchas veces se expresa a través del daño al propio cuerpo.

Algunos adolescentes se lastiman, se cortan o se queman. No es un deseo de morir, sino un intento desesperado de calmar el sufrimiento interno. Es una forma de sentirse vivos y una llamada de auxilio que dice: por favor, mírame, estoy sufriendo.

La adolescencia es una etapa clave para la formación de identidad, el desarrollo emocional y la socialización. Crecer en un hogar violento afecta profundamente el mundo interno y externo del adolescente, y estos efectos se reflejan en distintas áreas de su vida.

Conductas emocionales

Se presentan ansiedad, miedos constantes, sentimientos de culpa e inseguridad. Aparece la baja autoestima, la sensación de no tener valor, la depresión, la tristeza profunda y la falta de interés. La vergüenza por la situación del hogar y la confusión de identidad son frecuentes.

Conductas escolares

Existen dificultades para concentrarse y aprender, bajas calificaciones y ausencias emocionales en el aula, con la mente atrapada en los problemas del hogar. También pueden surgir problemas de comportamiento en la escuela.

Conductas sociales

Se observa aislamiento, retraimiento y dificultad para confiar en los demás, especialmente en adultos y figuras de autoridad. Muchos repiten patrones de relaciones tóxicas o violentas, expresando con agresividad el dolor que viven en casa.

Conductas de riesgo

Algunos adolescentes recurren al consumo de alcohol y drogas como forma de escape. También pueden presentarse conductas autodestructivas, intentos de suicidio, actividad sexual temprana y sin protección, o relaciones donde se repite el rol de agresor o víctima. El peligro deja de importar y pueden involucrarse en pandillas.

En otros casos aparece una madurez extrema. El adolescente se siente responsable de proteger a los hermanos menores o a la persona que sufre el abuso, cargando una responsabilidad que no le corresponde.

La conducta de un adolescente expuesto a la violencia doméstica es un reflejo del dolor vivido en el hogar, pero también una señal de alerta para padres, educadores y consejeros. Con apoyo psicológico, espiritual y social, es posible sanar y construir una vida libre de violencia.

Consecuencias a largo plazo

Cuando la violencia se vive desde la niñez o la adolescencia, sus efectos pueden extenderse por muchos años. Uno de los riesgos más comunes es la repetición del ciclo, donde en el futuro se puede ocupar el rol de víctima o de agresor.

También aparecen dificultades en las relaciones de pareja, problemas para confiar y para establecer límites sanos. A nivel emocional pueden presentarse secuelas profundas como **depresión, ansiedad y adicciones**.

Las conductas de niños y adolescentes expuestos a estos ambientes son un reflejo del dolor vivido, pero también una señal de alerta para padres, educadores y consejeros escolares, para que puedan intervenir y brindar ayuda a toda la familia. Con apoyo psicológico, espiritual y social, es posible sanar y construir un hogar libre de dolor y sufrimiento, libre de violencia.

CAPÍTULO 7

La Violencia Doméstica En El Hombre

La violencia doméstica no solo afecta a mujeres y niños. También hay hombres que viven como víctimas y experimentan consecuencias emocionales, psicológicas, físicas y sociales. En muchos casos, el estigma social y la falta de apoyo dificultan que un hombre busque ayuda, lo que agrava el impacto del abuso.

Área emocional

Surgen sentimientos de vergüenza y culpa por ser víctima, acompañados de depresión, ansiedad y aislamiento social. También se presenta pérdida de autoestima y una profunda sensación de inferioridad.

Área física

Pueden existir lesiones visibles o crónicas producto del maltrato físico. Son comunes los problemas de sueño, el insomnio, la fatiga constante, dolores de cabeza, tensión muscular y problemas digestivos relacionados con el estrés.

Área social

Aparece el miedo al ridículo y a que no se le crea al denunciar el abuso. Esto provoca aislamiento y dificultad para hablar de lo que se vive, reforzado por la estigmatización cultural que enseña que un hombre no debe ser visto como víctima.

Área familiar y relacional

Se generan conflictos con los hijos al presenciar la violencia y dificultad para establecer límites sanos en la relación. También existe el riesgo de repetir patrones de control o violencia en nuevas relaciones.

Área de conducta y riesgo

Algunos hombres recurren al alcohol o las drogas como forma de escape. Otros desarrollan conductas agresivas como reacción al abuso sufrido, o enfrentan problemas legales al ser acusados falsamente o al reaccionar de forma violenta.

Los hombres que sufren violencia doméstica necesitan ser escuchados, validados y apoyados. Romper el silencio es el primer paso para iniciar la sanidad emocional y reconstruir la vida en un ambiente libre de violencia.

Merecen ser protegidos y acompañados. Salir de este ciclo requiere apoyo emocional, legal y espiritual. No están solos y tienen derecho a una vida libre de violencia.

Como cultura se ha enseñado al hombre, desde niño, que no debe llorar, que para ser hombre tiene que aguantar y controlar, sin darle permiso de sentir o expresar emociones. Esto provoca que cargue por dentro dolor y frustración desde temprana edad, aumentando el riesgo de convertirse en víctima o agresor. El abuso y el dolor no distinguen género; dejan huellas profundas en el alma de todo ser humano.

Cómo ayudar al hombre a salir de la violencia doméstica

Aunque la violencia doméstica suele asociarse mayormente con mujeres como víctimas, los hombres también pueden vivir abuso físico, psicológico, emocional o económico. Salir de ese ciclo requiere apoyo, planificación y validación de su experiencia. Reconocerlo es el primer paso hacia la sanidad.

Reconocer y valorar la experiencia

Es necesario romper el estigma de que un hombre no puede ser víctima. La violencia no es solo física; también puede ser verbal, psicológica, sexual o económica. Pedir ayuda no es un acto de debilidad, es un acto de valentía.

Buscar apoyo seguro y de confianza

Hablar con personas de confianza que no juzguen ni minimicen lo que se vive es fundamental. También es importante contactar líneas de ayuda o refugios especializados en violencia doméstica, así como buscar terapia psicológica o grupos de apoyo para trabajar el trauma, la depresión y la culpa.

Plan de seguridad

Este plan aplica tanto para hombres como para mujeres. Es importante tener listos documentos importantes, llaves y algo de dinero en efectivo, así como diseñar una estrategia de salida en caso de que la violencia aumente. Si hay hijos, deben incluirse dentro del plan de protección.

Recursos legales

Denunciar la violencia ante las autoridades competentes, solicitar órdenes de protección y buscar asesoría legal en casos de custodia o derechos paternales puede marcar una diferencia importante en el proceso de salir del abuso.

Sanidad emocional y espiritual

Trabajar la autoestima y la confianza personal a través de terapia o consejería es clave. Buscar apoyo espiritual en la comunidad de fe, la oración o grupos de apoyo fortalece el proceso. También es necesario aprender a establecer relaciones sanas basadas en el respeto y la confianza.

La importancia de trabajar espíritu, alma y cuerpo para una sanidad completa

La violencia y el dolor no afectan solo una parte de la vida. Las heridas se graban en la mente, desgastan el cuerpo y debilitan el espíritu. Por eso, la sanidad no puede enfocarse en un solo aspecto, debe abarcar el alma, el cuerpo y el espíritu. Solo así se alcanza una restauración verdadera y duradera.

Sanidad del alma

El alma representa los pensamientos, emociones y voluntad. Las heridas más comunes son la tristeza profunda, la baja autoestima, la culpa y el miedo. Sanar implica reconocer y expresar las emociones, buscar consejería y apoyo emocional, aprender a perdonar y reemplazar pensamientos destructivos por verdad y fe.

Sanidad del cuerpo

El cuerpo guarda memorias del trauma vivido. Muchas personas experimentan enfermedades psicosomáticas, insomnio, ansiedad, dolores crónicos y fatiga. Sanar requiere cuidar la alimentación y el descanso, realizar actividad física para liberar tensiones, buscar atención médica cuando sea necesario y aprender a respetar los límites del cuerpo.

Sanidad del espíritu

El espíritu es la parte más profunda del ser humano, donde se encuentra la conexión con Dios y el sentido de vida. Sanar el espíritu implica fortalecer la fe a través de la oración, la lectura de la Palabra y la adoración. También es recordar que Dios es refugio y esperanza en medio del dolor, y aprender a descansar en la certeza de que somos amados y nunca estamos solos.

La verdadera restauración ocurre cuando estas tres áreas caminan **en equilibrio**. Un alma renovada, un cuerpo cuidado y un espíritu fortalecido en Dios permiten que una persona herida se levante libre, restaurada y completa. Sanar no es solo sobrevivir, es renacer con propósito y plenitud.

Fe y fortaleza

Y el mismo Dios de paz los santifique por completo, y todo su ser, espíritu, alma y cuerpo, sea guardado irreprensible para la venida de nuestro Señor Jesucristo. (1 Tesalonicenses 5:23).

CAPÍTULO 8

Cómo Comenzar Ciclos Sanos

Romper con la violencia y con los ciclos destructivos no es solo tomar una decisión externa, es un proceso profundo que comienza dentro del corazón. Muchas personas desean una vida diferente, pero siguen viviendo desde patrones aprendidos en el dolor, el miedo o el abandono. Queremos paz, pero no sabemos cómo construirla. Queremos amor sano, pero nunca nos lo enseñaron. Queremos una vida nueva, pero seguimos caminando con las heridas del pasado abiertas.

Comenzar ciclos sanos implica atreverte a vivir de una manera distinta a lo que conociste. Significa dejar de normalizar el sufrimiento, el abuso, el control y el silencio. Significa aprender, poco a poco, a relacionarte contigo mismo y con los demás desde el respeto, la verdad y la dignidad. No es fácil, porque cuando crecimos en ambientes dañinos, lo conocido se siente "normal", aunque nos destruya por dentro.

Una vida saludable no es una vida perfecta ni libre de problemas. Es una vida donde aprendes a responder diferente, a poner límites, a elegir lo que te hace bien, a reconocer tu valor y a caminar con propósito. Es una vida donde ya no te defines por lo que te hicieron, sino por lo que decides sanar. Es entender que mereces paz, amor y respeto, aunque nunca los hayas recibido antes.

Este capítulo nace para acompañarte en ese inicio. No desde la exigencia, sino desde la compasión. Aquí no te pido que lo hagas todo de golpe, solo que des el primer paso. Porque cuando una persona comienza a sanar, no solo cambia su historia, también cambia el rumbo de su familia y de las generaciones que vienen detrás.

Hoy puedes empezar a sembrar algo distinto. Ciclos de amor, de fe, de respeto y de vida. Y ese comienzo, aunque pequeño, tiene el poder de transformar todo tu futuro.

Reconstruir la identidad

La sanidad comienza al recordar quién eres y cuánto vales. Eres una persona digna de amor, respeto y cuidado. Reafirmar tu identidad en la fe y en tu valor personal es el inicio de un nuevo camino hacia la sanidad y la restauración de una vida nueva.

Practicar el perdón

El perdón es parte esencial del proceso de sanidad. Perdonar no justifica el daño recibido, pero sí libera el peso que la amargura deja en el alma. El perdón es un regalo que te das a ti mismo para sanar y liberarte de las cadenas que atan tu mente y tu corazón.

Cultivar la fe y la gratitud

La fe en Dios renueva la esperanza y fortalece el espíritu. La gratitud diaria es un acto de fe que transforma la manera de ver la vida. Aun en medio del dolor, aprender a agradecer permite que lo vivido se convierta en belleza en el alma y en un testimonio para ayudar a otros.

Cuidar el cuerpo y la mente

En el camino de la sanidad es fundamental cuidar el cuerpo y la mente. El descanso, una alimentación equilibrada, el ejercicio y los espacios de sanidad emocional a través de consejería y grupos de apoyo fortalecen todo el proceso.

Establecer relaciones sanas

Rodéate de personas que sumen a tu vida, que te apoyen, oren por ti y te respeten. Las relaciones saludables se basan en el respeto mutuo y en una comunicación abierta, sin miedo a ser juzgado o rechazado.

Crear metas y objetivos

Tener un plan de vida con metas y propósito te dará motivación para avanzar. Establece metas saludables y alcanzables, por pequeñas que sean, y celebra cada logro. Tu vida tiene un propósito mucho mayor que el dolor que has vivido.

Cerrando ciclos

Antes de terminar este capítulo, quiero recordarte algo importante: comenzar ciclos sanos no es hacerlo perfecto, es hacerlo consciente. Habrá días en los que te sentirás fuerte y otros en los que querrás regresar a lo conocido. No te condenes por eso. La sanidad no se trata de no caer, sino de no quedarte en el suelo.

Cada límite que pones, cada emoción que reconoces, cada decisión que tomas a favor de tu paz, es una semilla nueva. Tal vez hoy no veas grandes cambios, pero tu corazón sí los está sintiendo. Estás aprendiendo a vivir sin miedo, a amar sin dolor y a elegir sin culpa. Eso ya es un avance enorme.

Recuerda que no caminas solo. Dios va contigo en cada paso, incluso en los momentos donde dudas de ti. Él no se cansa de acompañarte ni de sostenerte mientras aprendes a vivir diferente. Lo que hoy practicas con esfuerzo, mañana será parte natural de tu vida.

Cerrar ciclos dañinos y abrir ciclos sanos es un acto de amor propio y de fe. Es decirle a tu historia: hasta aquí llegó el dolor, y desde aquí comienza algo nuevo. No minimices tu proceso. Lo que estás haciendo tiene valor, tiene propósito y tiene impacto más allá de lo que imaginas.

Y ahora quiero llevarte un poco más adentro del corazón de esta sanidad. Porque no solo se trata de principios o decisiones, sino de vidas reales, de personas con nombre, rostro y heridas profundas que un día también dijeron "ya no más".

En el siguiente capítulo vas a encontrar historias verdaderas. Testimonios que nacen del dolor, pero terminan en esperanza. Historias que prueban que sí se puede sanar, que sí se puede romper ciclos y que sí se puede volver a vivir. Tal vez, al leerlas, descubras que tu historia no es tan distinta... y que tu final también puede ser diferente.

CAPÍTULO 9

Historias Reales

Iniciar ciclos de una **vida saludable** es sembrar semillas de amor propio, esperanza y fe en tu corazón. Es decidir, cada día, no rendirte al dolor ni permitir que tu pasado defina quién eres hoy. Sanar es un proceso, paso a paso, donde Dios va restaurando lo que fue quebrado y devolviendo vida a lo que parecía perdido.

Cada día es una nueva oportunidad para crecer, aprender y volver a vivir en plenitud. **No eres lo que te hicieron ni lo que viviste.** Eres el resultado del amor de Dios obrando en tu historia, preparándote un futuro lleno de libertad, propósito y paz.

En este capítulo quiero compartir contigo **testimonios reales** de personas que, como tú, caminaron por el dolor, pero decidieron no quedarse ahí. Sus historias son una prueba viva de que **la sanidad es posible** y de que nunca es tarde para comenzar de nuevo.

Testimonio de Roy

Mi nombre es Roy, soy un hombre de cuarenta y cinco años, casado, y quiero compartir mi historia. No ha sido fácil hacerlo por el tabú de que los hombres no lloran, de que debemos ser fuertes y callar. Eso lo escuché desde niño y guardé silencio por muchos años, hasta que ya no pude más.

Ver que mi esposa y mis hijos sufrían por mi culpa me llevó a buscar fuerzas para dejar mis creencias a un lado y pedir ayuda. Quiero decirte que los hombres también lloramos y sufrimos cuando vivimos con una pareja que nos insulta y nos controla. La violencia doméstica no ocurre solo en las mujeres. Los hombres también tenemos una historia y hoy decidí romper el silencio.

Cuando era niño, mi familia era muy disfuncional. Soy el segundo de ocho hermanos y nunca conocí a mi padre. Alrededor de los diez años comencé a ver con más claridad lo que pasaba en casa. Mi madre no tenía una pareja estable, consumía alcohol y llevaba diferentes hombres al hogar. Todos tomaban y no nos prestaban atención. Yo me sentía frustrado y abandonado.

Mi madre decidió llevar a vivir a casa a una pareja, y este hombre comenzó a golpearnos y también a abusar sexualmente de nosotros. Esa situación me hizo crecer con mucho dolor y coraje. Empecé a tener problemas en la escuela, bajaron mis calificaciones y me escapaba de clases. La falta de amor y la soledad me llevaron a refugiarme en el alcohol, las drogas y la pornografía.

Eso se volvió mi vida y lo adopté como algo normal. Me convertí en un hombre lleno de coraje y violencia, aprendí a cubrirlo con una buena apariencia para controlar lo que llevaba por dentro. Viví así por muchos años, entre mujeres, drogas y alcohol, sin darme cuenta de que me dañaba y dañaba a quienes me rodeaban.

A los veinticinco años conocí a una persona que era muy diferente a todas las mujeres que había conocido. No tomaba ni usaba drogas. Yo sentía que ella era luz y yo oscuridad. Me atrajo, pero también me confundió. Comencé a vivir una doble vida llena de mentiras, porque nunca tuve un modelo de padre ni de hombre saludable del cual aprender.

Cuando supe que esperábamos un hijo, el miedo me invadió. Yo nunca tuve padre y sentía que no sería un buen papá. Durante el embarazo de mi esposa me fui a estudiar construcción, pero en realidad estaba huyendo de mi responsabilidad. Abandoné a mi esposa y a mi bebé, aunque en el fondo no quería perder a mi familia.

Viví así por mucho tiempo, acercándome y alejándome, hasta que mi esposa quedó embarazada de nuestra segunda hija. Comencé a ir a la iglesia buscando a Dios. Trataba de ser mejor persona, pero solo aprendí a aparentar. Quería cambiar, pero no podía soltar la oscuridad y los placeres que llevaba dentro.

Pensé que podía vivir una doble vida sin que mis hijos se dieran cuenta, pero me engañaba a mí mismo. Mi hijo mayor vio accidentalmente la pornografía que consumía, y mi hija cayó en las drogas y el alcohol. Eso me despertó a la realidad del daño que había causado.

Mi esposa me dejó varias veces intentando proteger a nuestros hijos. Yo no quería perderlos, pero seguía luchando por dentro. Hasta que un día tuve un ataque al corazón. Ahí entendí que Dios me había dado muchas oportunidades y yo las había rechazado. Supe que eran las oraciones de mi esposa y mis hijos las que me sostenían.

Llegó un momento en que entendí que estaba a punto de perder a mi familia para siempre. Mi esposa ya estaba cansada y enferma. Sentí que esa era mi última oportunidad. Busqué grupos de apoyo para hombres en la iglesia y comprendí que necesitaba sanar y perdonar.

Poco a poco fui cambiando. Le pedí perdón a Dios, a mis hijos y a mi esposa. Me tomó mucho tiempo perdonar el daño que me hicieron de niño y perdonarme a mí mismo por todo el dolor que causé. Hoy puedo decir que, gracias a Dios y a las oraciones, soy libre del alcohol, las drogas y la pornografía.

Sigo en contacto con otros hombres para mantenerme firme. Tengo a mi familia y seguimos sanando juntos. Hoy quiero invitarte, como hombre, a que aprendas a sentir lo que hay dentro de ti, a que te permitas llorar. Llorar también es de hombres. No oprimas tus emociones ni cargues solo con el dolor acumulado. Solo sanando podrás ser feliz y construir una familia saludable.

El silencio de los hombres heridos

A muchos hombres se les enseñó desde niños que sentir y llorar no era cosa de hombres, que debían ser fuertes y machos. Escucharon frases como "los hombres no lloran", "aguántate como hombre" o "sé fuerte, no seas débil". Así aprendieron a reprimir lo que sentían y a guardar su tristeza, sus miedos y su dolor detrás del silencio.

Pero un corazón al que no se le permite sentir, tarde o temprano explota.

El costo del silencio es alto. El hombre que no expresa sus emociones vive en una guerra interna. Cree que debe controlarlo todo, pero por dentro está quebrado y confundido. No sabe cómo pedir ayuda y se convence de que está bien, cuando no lo está. Guarda lágrimas, oculta su angustia y se refugia en lo que la cultura le enseñó desde niño: trabajo excesivo, ira, aislamiento, alcohol o violencia. El dolor no expresado se transforma en frialdad o agresión.

El niño que no pudo llorar se convierte en el hombre que grita en silencio.

Cuando a un hombre se le niega el derecho de sentir, se le roba la oportunidad de ser humano, de amar, de conectar y de vivir en paz. Esa herida emocional se transmite a los hijos, repitiendo el ciclo del silencio y la desconexión afectiva.

Los hombres también necesitan abrazos, comprensión y espacios seguros donde puedan llorar sin ser juzgados. Cuando un hombre aprende a llorar sin vergüenza, comienza a sanar lo que generaciones enteras reprimieron.

Jesús lloró. El Hijo de Dios derramó lágrimas por amor, por compasión y por dolor. Esto nos enseña que llorar no es debilidad, es humanidad. "Jesús lloró" (Juan 11:35).

Dios no busca hombres duros, sino corazones sinceros y sensibles, dispuestos a ser transformados por su amor.

Señor, te presento el corazón de cada hombre que ha

aprendido a callar su dolor. Sácalos del silencio y dales libertad para sentir y expresar lo que llevan dentro. Sana las heridas que han cargado en silencio y enséñales que expresar el dolor no es debilidad, sino valentía para romper el silencio del alma. Amén.

Testimonio de Martha

Esta es una parte de mi testimonio.

Cuando yo era niña me sentí muy rechazada por mi mamá. Siempre me decía que cuando nací era una bola de carne, morena y peluda. Sus tres primeros hijos eran güeros y delgados. Yo crecí sintiéndome rechazada, con muchas carencias de amor y económicas. Mi padre era alcohólico y mi mamá trabajaba mucho. Durante años creí que lo que ella me decía era normal.

Viví con varias familias durante mi infancia hasta los trece años, cuando conocí a un hombre y me fui a vivir con él buscando escapar y tener una vida mejor. Lo único que encontré fue más dolor y experiencias traumáticas. Me golpeaba por todo y por nada, hasta dejarme tirada en el suelo con la cabeza abierta. No tuvo compasión ni siquiera cuando estaba embarazada.

Viví con él desde los trece hasta los veintisiete años y tuve tres hijos. El miedo a sus amenazas, la falta de apoyo y no saber a dónde ir me mantuvieron ahí más tiempo del que yo quería. Cuando logré separarme, mis hijos ya eran adolescentes: el mayor tenía trece años, el mediano nueve y la niña cinco. Como madre sola enfrenté una vida llena de retos.

Tuve que trabajar para sacarlos adelante y, en ese proceso, los descuidé. Por muchos años cargué culpa. Mi relación con mi hijo mayor se quebró, se fue de casa y no supe de él por diez años. Pasaron veintisiete años para volver a verlo y abrazarlo. Mi hijo mediano cayó en las drogas, y yo entré en otra relación que también terminó por adicciones.

Viví el dolor de ver a mis hijos perdidos entre drogas, alcohol y cárcel. Fue uno de mis hijos quien un día me invitó a la iglesia. Allí entregué mi vida a Cristo y me la pasaba de rodillas clamando por ellos. Mi clamor siempre fue por mis hijos. Vivía luchando con depresión en silencio, aparentando que todo estaba bien por miedo a ser juzgada.

Pasaron años de espera, de no saber si mi hijo estaba vivo o muerto. Era una tortura emocional. En mi desesperación quise salvarlos por mis fuerzas, hasta que aprendí a confiar plenamente en Dios y a poner sus vidas en sus manos. Yo me estaba consumiendo de dolor y necesitaba descansar.

Recordé a la mujer del flujo de sangre. Mi flujo era el dolor que llevaba dentro, el sufrimiento que nadie veía. Como ella, busqué ayuda y gasté dinero, pero nada me sanó hasta que aprendí a confiar en Dios y descansar en sus promesas. Jesús le dijo: "Hija, ten ánimo; tu fe te ha sanado; ve en paz".

Pedí perdón a mis hijos por el dolor que vivieron y a Dios por mis decisiones. Le pedí que me ayudara a ser una mujer sana, una madre amorosa y una esposa comprensiva. Hoy tengo a mis hijos cerca, puedo abrazarlos, convivir con ellos. Mi hija tiene un esposo que la ama, tengo nietos que son mi vida.

Volví a casarme con un hombre que me ama y me trata bien. Tengo una iglesia que apoya a la mujer y ya no me callo. Uso mi testimonio para abrazar a otras mujeres. Oramos juntas, lloramos juntas y ya no sufrimos en silencio.

Este testimonio es para cada madre que llora por un hijo perdido, para cada mujer que se siente sola y para cada niña que no fue amada.

Testimonio de Luz

Me llamo Luz y esta es mi historia.

Cuando era niña crecí en un hogar de violencia doméstica. Veía cómo mi papá golpeaba a mi mamá y a mis hermanos. Eso era el pan de cada día: golpes, gritos y maltrato, no solo físico, sino también verbal, psicológico y económico. Muchas veces vi a mi madre llorar porque no había dinero para darnos de comer, mientras mi padre se gastaba todo apostando y perdía no solo el dinero, sino la casa y los muebles.

Todo eso sembró miedo, inseguridad y una tristeza profunda en mi pequeño corazón. Guardé rencor hacia los hombres y crecí con huellas en el alma: baja autoestima, miedo, coraje y vergüenza. Me sentía fea, gorda y convencida de que nadie me amaría. Me hacía chiquita donde fuera, me escondía para que nadie me viera.

En la escuela no aprendía. Se me olvidaba todo. Hoy entiendo que mi mente estaba atrapada en lo que pasaba en casa. Crecí y me casé joven, a los diecinueve años, buscando escapar. Pero llevaba demasiado dolor dentro. La persona con la que me casé también cargaba una niñez parecida a la mía. Él se refugiaba en el alcohol y las drogas, y yo caí en depresión.

Quedé embarazada y el solo pensar que mi hijo crecería en un hogar de adicciones y violencia me llenaba de frustración. Me invitaron a una iglesia, me dieron una Biblia y comencé a pedir ayuda. Me integré a grupos de apoyo y tomé la decisión de dejar a mi esposo, porque no quiso buscar ayuda. No fue fácil romper los ciclos que traía desde mi niñez, pero tenía que hacerlo por mí y por mi hijo.

Con el tiempo, aunque no tenía mucho dinero, tuve paz y tranquilidad por primera vez. Seguí yendo a la iglesia, a grupos de mujeres, me preparé, estudié y fui sanando hasta reconstruir mi vida. Doy gracias a Dios y a todas las personas que oraron por mí y por mi familia. Mi esposo regresó dispuesto a recibir ayuda y hoy seguimos reconstruyendo nuestras vidas y nuestro hogar.

No calles

Estas son solo algunas historias entre muchas. Historias que por años vivieron escondidas detrás del miedo, la vergüenza o el "todo está bien". Historias de mujeres, hombres, niños y adolescentes que aprendieron a callar porque hablar parecía peligroso, porque el amor se confundía con control y porque la esperanza parecía perdida.

Pero el silencio, aunque protege por un tiempo, también encierra el alma en sufrimiento. El dolor no desaparece cuando callas; se transforma en ansiedad, insomnio, tristeza o culpa, hasta que un día el alma ya no puede más. El silencio mantiene cadenas, pero la verdad libera y rompe ciclos.

Tu voz puede ser **la llave** que abra la puerta de otra persona. No calles tu historia. Transfórmala en esperanza.

La agresión, el control y el abuso son raíces que comienzan en la niñez. La violencia doméstica no surge de la nada. Tanto la persona que agrede como quien es víctima, en muchos casos, fueron niños que crecieron en hogares donde la violencia formaba parte de la vida diaria. Desde temprana edad se siembran patrones de agresión, control, miedo y dependencia que, si no se interrumpen, se repiten en la vida adulta.

Recuerda que **los niños no sanados** pueden convertirse en adultos atrapados como víctimas o victimarios, en adicciones, alcohol, cárcel o relaciones destructivas.

La niñez no atendida se convierte en una adultez rota. Los niños que no sanan emocionalmente crecen buscando desesperadamente lo que perdieron en la infancia: **amor, aceptación y estabilidad**. Muchos terminan atrapados en ciclos de dolor, ya sea como víctimas o como agresores, en adicciones, violencia o incluso prisión.

La infancia es el terreno donde se siembra el futuro. Allí aprendemos a amar, a confiar y a sentirnos seguros. Pero cuando el hogar estuvo marcado por abandono, miedo, violencia o indiferencia, el alma infantil queda herida y esas cicatrices no desaparecen solas. El niño que guarda silencio y aprende a ser fuerte antes de tiempo crece con un corazón fragmentado.

Los niños no sanan solo porque pasan los años. Muchas veces transforman el dolor en máscaras para sobrevivir: la víctima silenciosa, el agresor defensivo, el perfeccionista incansable, el adicto que busca anestesia. Es el adulto roto buscando lo que le faltó en la infancia. Las heridas no tratadas no sanan, se infectan y se convierten en patrones, creencias y conductas que moldean destinos.

No tomes tu experiencia como una tragedia, mírala como un llamado a renacer a través del dolor. Es honrar al niño que fuiste y tomar de la mano al adulto que hoy desea sanar.

Hay una urgencia de sanar, porque si no lo hacemos, terminamos creando mundos de daño y sufrimiento. Todo comienza dentro de nosotros y se extiende a nuestra familia, a nuestros hijos, a nuestras relaciones y a la sociedad. Comienza contigo.

Es tiempo de asumir responsabilidad y dejar de culpar a otros por el dolor vivido. El coraje, la ira y el resentimiento son veneno para el alma. El alma herida que no sana busca defenderse y, en ese intento, hiere, controla y repite lo que un día la lastimó. Sin sanidad, perpetuamos el sufrimiento.

Sanar es una decisión y una necesidad espiritual y humana. Cuando el alma sana, la vida se libera. El amor y la paz comienzan a llenar el corazón y se produce un nuevo renacer. Sanar no borra lo vivido, pero transforma el dolor en propósito y la herida en sabiduría.

El alma que no sana repite su historia. El dolor causado por el abuso no desaparece solo con el tiempo, aunque intentemos aliviarlo con trabajo, distracciones, relaciones o adicciones. Todo eso calma por momentos, pero no sana lo profundo.

Lo que está herido en el alma no se restaura con soluciones temporales. Se necesita algo más profundo: **restauración espiritual**. No basta con querer sanar emocionalmente; es necesario permitir que Dios sane lo más profundo del corazón.

Cuidar la vida espiritual es parte esencial del proceso. Sin una relación íntima con Dios, todo intento de sanidad será temporal. **Solo Dios** puede llegar a lo profundo del ser, donde nadie más puede entrar ni sanar.

No hablo de religión, hablo de una relación personal con

Dios. De abrirle el corazón y permitirle entrar donde nadie más ha podido.

Tal vez tu corazón fue herido por personas dentro de una iglesia. Quizá te decepcionaron líderes religiosos o personas que usaron el nombre de Dios para controlar y manipular. Créeme, te entiendo. A mí también me pasó.

Durante años estuve enojada con Dios y con el mundo, especialmente con los hombres, por el abuso que viví. Mi dolor era tan profundo que llegué a preguntarme cómo podía existir un Dios bueno en medio de tanto sufrimiento.

Busqué sanidad en muchos lugares. Intenté muchas cosas. Todo parecía mejorar por un tiempo, pero el mismo patrón de tristeza y depresión regresaba, como una herida que no cerraba.

Hasta que un día me cansé de sufrir. Desde lo más profundo de mi corazón le hablé a Dios. No fui a un templo ni busqué figuras religiosas. Me arrodillé sola en casa, con lágrimas en los ojos y el corazón hecho pedazos, y dije: *Dios, si realmente existes, ayúdame, no puedo más.*

No sé cómo explicarlo, pero poco a poco mi vida comenzó a llenarse de sentido y paz. No fue de un día para otro, pero cada lágrima se transformó en consuelo, cada herida en fortaleza y cada pregunta en esperanza.

Decidir sanar no fue fácil. Romper el silencio y contar mi historia me costó mucho. Como mujer latina, muchas personas se alejaron, otras me criticaron y algunas normalizaban el abuso. Pero yo ya había aprendido lo que era el abuso y entendí que solo yo podía decidir sanar y ayudar a mis hijos a no normalizar el dolor.

Hoy sé, con todo mi corazón, que Dios siempre estuvo conmigo, aun cuando yo no lo sentía. Él no fue quien me hirió; fue quien me esperó pacientemente hasta que regresé a sus brazos.

Dios nos dio libre albedrío. Nos da a elegir entre el bien y el mal y nos muestra sus consecuencias. Como seres humanos, elegimos cómo vivir. Nuestros padres nos dieron lo que tenían dentro, muchas veces dolor y heridas. Hoy tú puedes elegir cambiar tu historia, y en este libro aprenderás, paso a paso, cómo hacerlo.

Mi Querida Antonia:

No tengo palabras para decirte
lo importante que eres en mi vida
Doy gracias a Dios por tu vida
por ayudarme y darme la oportu
nidad de estar aqui luchando
por mi sueño, creciendo cada
dia, gracias a tus consejos
hoy estoy fuera del maltrato
y amandome mucho y esforzandome para ser mejor. Y seguir
esforzandome. Bendecida eres
Antonia y mil, mil gracias.

Antonia,
   Gracias por todo que me has hecho.
Nunca pudiera explicar como me
me ayudasta. A mi, eres una de
lo mas fuerte, carinosa y generosa.
personas que conozco. Otra vez, gracias
por todo, y ¡Feliz Dia de las Madres!
         Siempre con ♡,
              Victoria

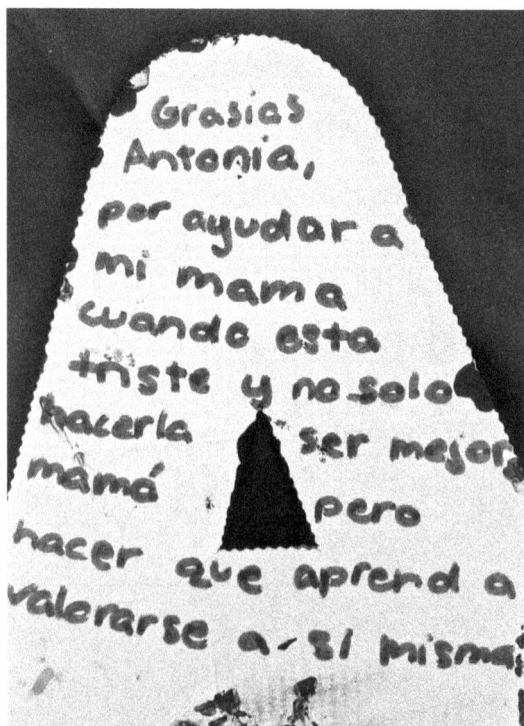

Grasias
Antonia,
por ayudar a
mi mama
cuando esta
triste y no solo
hacerla   ser mejor
mamá   pero
hacer que aprenda
valorarse a si misma

CAPÍTULO 10

El Comienzo de tu Restauración

Este es el inicio de tu restauración. Tu alma recuerda lo que perdió y hoy, con amor, con verdad y con la guía de Dios, tus pasos comienzan a ser guiados hacia la sanidad. Si comparto esto contigo es porque sabemos que hay un niño herido viviendo en el adulto, esperando ser visto y sanado.

Tu alma no está rota. Solo está herida, y está regresando a recoger las partes de ti que se quedaron atrás.

Oración de salvación

La siguiente oración es un acto de fe y entrega. Si la haces **con sinceridad**, estás dando el paso más importante hacia una vida nueva.

Señor Jesús,

Hoy reconozco que te necesito.

Creo con todo mi corazón que moriste en la cruz por mis pecados

Y que resucitaste al tercer día para darme vida eterna.

Te pido perdón por mis pecados y te invito a entrar en mi corazón.

Te entrego mi vida, mis heridas, mi dolor y mi pasado.

Hazme **una nueva persona**, sana mis heridas

Y lléname de tu amor y de tu paz.

Te confieso como mi Señor y Salvador.

Lléname de tu Espíritu Santo para que me guíe a toda verdad,

Me enseñe tus caminos y nunca me separe de ti.

Amén.

Si hiciste esta oración con todo tu corazón, te felicito, este es tu comienzo hacia la sanidad y la restauración.

Él sana a los quebrantados de corazón y venda sus heridas. (Salmo 147:3).

De modo que, si alguno está en Cristo, nueva criatura es; las cosas viejas pasaron, he aquí todas son hechas nuevas. (2 Corintios 5:17).

Conforme le vas entregando tus heridas a Dios y le hablas de lo que te duele y de lo que sientes, tu corazón comienza a sentirse más liviano y más libre. Eso es señal de que Dios está obrando en ti. Recuerda que Dios no solo es Dios, también es tu amigo, tu consejero y tu Padre, y lo que más desea es que confíes en Él.

El Espíritu Santo comienza a sanar el corazón herido, a limpiar y renovar la mente. Conforme confiamos y compartimos nuestra historia, sentimos cómo Dios nos va transformando.

Y os daré un corazón nuevo, y pondré espíritu nuevo dentro de vosotros. (Ezequiel 36:26).

Identidad nueva en Cristo

Ya no te defines por tu pasado ni por el dolor que viviste. Ahora tienes una nueva identidad. Eres una nueva criatura. Eres hijo, eres hija de Dios.

Mas a todos los que le recibieron, a los que creen en su nombre, les dio potestad de ser hechos hijos de Dios. (Juan 1:12).

Una vida guiada por el Espíritu Santo

Nacer de nuevo es aprender a caminar con Dios, obedecer su Palabra y reflejar su carácter.

El que permanece en mí, y yo en él, este lleva mucho fruto. (Juan 15:5).

Renacer en Cristo no es el final, es el principio de una vida restaurada. Vamos quitando raíces de dolor y limpiando semillas que fueron sembradas en el corazón: coraje, miedo, odio. Y comenzamos a plantar semillas de perdón, amor, confianza, respeto y valentía. Al principio frágiles, vulnerables, pero con el tiempo florecen con un propósito divino.

Donde antes hubo culpa, ahora hay perdón. Donde hubo vacío, ahora hay plenitud. Donde hubo dolor, ahora hay futuro con propósito.

Pero sed hacedores de la palabra, y no tan solamente oidores. (Santiago 1:22).

La restauración comienza en lo profundo del alma. Dios sana las heridas invisibles que nadie ve. Dedica tiempo al silencio y abre tu corazón delante de Él.

Oración:

Señor, toca mis heridas ocultas y hazme renacer desde adentro.

Dios promete restaurarte si tú se lo permites (Joel 2:25). Aunque el pasado te trajo pérdidas y dolor, Dios promete restituir lo que fue robado y destruido.

En este preciso momento, escribe una lista de las áreas de tu vida donde aún sientes dolor y preséntaselas a Dios.

_____

_____

_____

_____

_____

Oración: Señor, te entrego esta lista donde puse mi dolor y mis sentimientos, porque sé que tú tienes el poder de restaurar mi vida y devolver todo lo que el enemigo me robó.

De la vergüenza a la honra – Isaías 61:7

Lo que fue vergüenza y dolor, Dios lo transforma en sanidad, honra y alegría.

Oración: Padre, cambia mi vergüenza por honra y llena mi corazón de alegría.

Restauración de la identidad – Efesios 1:5

Nuestra identidad no está en lo que nos pasó, sino en la nueva identidad que Cristo nos da al restaurarnos como hijos amados de Dios.

Mirándote a los ojos frente al espejo, repite: soy hija, soy hijo amado de Dios. Jesús murió por mi dolor y hoy soy libre en Cristo.

Oración: Señor, gracias por amarme y llamarme tuyo.

Restauración de mis relaciones – Colosenses 3:13-14

Dios, te pido que restaures mis relaciones quebrantadas. Ayúdame a perdonar y a pedir perdón. Sustituye el dolor por amor, el coraje por paz, y enséñame a amar como tú me has amado.

Ora por una persona con quien deseas reconciliarte. Aunque parezca imposible, ten paciencia y sigue orando. Dios escucha tu corazón.

Oración: Señor, trae paz a mis relaciones dañadas. Enséñame a aceptar que no todas serán restauradas, pero confío en que tú sabes qué es lo mejor.

Restauración de sueños y propósitos – Jeremías 29:11

Dios no solo restaura el pasado, también abre un futuro lleno de esperanza.

En un cuaderno escribe un sueño o una meta que abandonaste y preséntala a Dios. Él restaura tu propósito, tu llamado y el destino que preparó para ti.

Oración: Padre, despierta en mí el sueño que sembraste y guíame a tu propósito.

Restauración completa en Cristo – Apocalipsis 21:5

Jesús declara: "He aquí, yo hago nuevas todas las cosas". Jesús tiene la última palabra.

Haz un **acto simbólico**: En una hoja escribe "todo mi pasado" y rómpela. En otra escribe "recibo todo lo nuevo que Dios tiene para mi vida" y guárdala en un lugar especial.

Oración: Gracias, Señor, porque haces nuevas todas las cosas en mi vida. Declaro que en ti hay restauración de mi pasado, mi presente y mi futuro, en el nombre de Jesús.

Fortaleciendo el alma

Cuidar tu vida espiritual es esencial para mantener **una vida equilibrada y plena**. Aquí tienes una guía práctica para fortalecerla.

I. **Reflexiona sobre tu relación con Dios**. Tómate tiempo para evaluar tus pensamientos, hábitos y acciones. Pregúntate cómo está tu relación con Él y si estás alineado a su voluntad.

2. **Lee la Biblia y medita en su Palabra**. Mientras lees, escucha música que te dé paz y a lo largo del día rodéate de mensajes que fortalezcan tu fe.

3. **Usa la oración para conectarte con Dios**. Orar es hablar con Él, abrirle el corazón y contarle lo que sientes. Dedícale tiempo diario y encontrarás paz y fortaleza. No tiene que ser en un lugar especial, puedes hacerlo mientras manejas, te bañas o caminas.

4. **Cuida tu salud física**. Procura una alimentación sana, haz ejercicio y duerme bien. El cuerpo también necesita atención para sanar.

5. **Rodéate de una comunidad de apoyo**. Participar en una comunidad de fe y grupos de apoyo espiritual te brinda compañía, consejo y ánimo.

6. **Practica la gratitud**. Agradecer cada día cambia la perspectiva y fortalece el espíritu.

7. **Sirve a los demás**. Ayudar y contribuir a tu comunidad da propósito y te conecta con otros.

8. **Conéctate con la naturaleza**. Camina, ve a la montaña o a la playa. El silencio también ayuda a sanar.

Estas prácticas te ayudarán a reconectarte con tu vida espiritual y con tu propósito. **Cuando entregas tu dolor a Dios, Él lo transforma en paz, sanidad y un nuevo futuro**.

CAPÍTULO 11

Diario de Sanidad

La sanidad emocional y espiritual no sucede de la noche a la mañana. Requiere tiempo, intención y constancia. Así como el cuerpo necesita descanso para recuperarse, el corazón y la mente también necesitan un espacio seguro para sanar.

Crea tu espacio de sanidad

Elige un lugar en tu casa que sea acogedor y tranquilo. No necesitas grandes cosas. Puede ser una mesita o un escritorio, un espacio diseñado solo para ti, donde te permitas sentir, escribir, llorar y hablar con Dios.

Puedes colocar una vela, una planta o algún objeto que te dé paz. Ten a la mano tu cuaderno o diario personal, tu Biblia y, si lo deseas, música suave que te ayude a relajarte.

Ese rincón será tu espacio sagrado, donde podrás encontrarte contigo y con Dios, libre de juicios y distracciones.

El poder de escribir

Comienza un diario de emociones y sentimientos. Escribir te ayudará a identificar y liberar lo que guardas en tu interior, lo que no dices, lo que duele y pesa en el corazón.

Ponle nombre a tus emociones: **coraje, tristeza, miedo, ira**. Reconoce patrones que deseas cambiar. Observa cómo reaccionas cuando te sientes herido, qué haces cuando tienes miedo, cómo respondes cuando te corrigen o cómo actúas cuando te sientes rechazado.

No importa si escribes frases cortas, oraciones largas o pensamientos sueltos. **Lo importante es permitirte expresarte y abrir tu corazón en el papel**.

Derrama delante de Dios tu corazón; Dios es nuestro refugio. (Salmo 62:8).

Porque yo sé los planes que tengo para ustedes —declara el Señor— planes de bienestar y no de calamidad, para darles un futuro y una esperanza. (Jeremías 29:11).

Dios no solo quiere cambiar conductas externas; desea sanar desde la raíz, liberarte de heridas, traumas, rechazo y patrones familiares o culturales.

*Si vosotros **permaneciereis en mi palabra**, seréis verdaderamente mis discípulos; y conoceréis la verdad, y la verdad os hará libres.* (Juan 8:32).

Así que, si el Hijo los libera, serán verdaderamente libres. (Juan 8:36).

Miedo y ansiedad: Vivir preocupado, imaginar lo peor y tener dificultad para descansar. *No temas, porque yo estoy contigo; no desmayes, porque yo soy tu Dios que te fortalece y siempre te ayudará.* (Isaías 41:10).

Adicciones: Buscar alivio momentáneo en conductas dañinas que terminan en culpa. *Todas las cosas me son lícitas, pero no todas convienen; no me dejaré dominar por ninguna.* (1 Corintios 6:12).

Rechazo y baja autoestima: Esto es creer que no vales o no mereces amor. **Eres hijo, eres hija de Dios, creado con propósito, digno de amor y respeto.** *Me visto de fuerza y dignidad.* (Proverbios 31:25).

El perdón que sana el corazón

El perdón no es un sentimiento, es una decisión. No justifica lo ocurrido, pero libera el corazón. **El perdón te sana y te libera de la atadura.**

Quítense de ustedes toda amargura, enojo e ira. Sean amables y perdónense unos a otros, como Dios los perdonó en Cristo. (Efesios 4:31-32).

Ejercicio práctico: Caminando hacia el perdón

- **Reconocer la herida.** Escribe la situación o la persona que te causó dolor.

- **Identificar la emoción.** Nombra los sentimientos que esa herida genera en ti.

- **Entregar la carga a Dios.** Ora y entrégale esas emociones con honestidad.

- **Decidir perdonar.** Declara en voz alta: decido perdonar porque Cristo me perdonó primero mis faltas y mi pecado. Hoy tomo la decisión de perdonar por mi propia sanidad.

Repite este proceso las veces que sea necesario. **La sanidad y el perdón son un proceso.** No te des por vencido. Sigue caminando con amor y dedicación. Recuerda que cuando sanas tú, también sanan las generaciones que vienen detrás de ti.

Reconocer las cadenas invisibles

Las armas de nuestra milicia no son carnales, sino poderosas en Dios para la destrucción de fortalezas. (2 Corintios 10:4).

Las ataduras del pasado funcionan como fortalezas en la mente y en el corazón. Pueden ser recuerdos, palabras hirientes, rechazo o traumas que aún atan el alma. **El primer paso para sanar es reconocerlas y traerlas a la luz delante de Dios.**

El peligro de guardar el dolor

Mirad bien, no sea que alguno deje de alcanzar la gracia de Dios; que brotando alguna raíz de amargura, os estorbe y por ella muchos sean contaminados. (Hebreos 12:15).

El dolor no tratado se convierte en amargura, y la amargura no solo daña a quien la carga, también afecta a quienes le rodean. Dios nos llama a arrancar esas raíces a tiempo, antes de que destruyan nuestra vida presente.

Preguntas para reflexionar

¿Recuerdas alguna escena de tu niñez donde sentiste miedo
o inseguridad en tu hogar?

_____

_____

_____

_____

_____

_____

_____

_____

¿Qué emociones de tu infancia aún llevas contigo?

_____

_____

_____

_____

_____

_____

_____

_____

¿Cómo crees que esas experiencias influyen hoy en tu manera de relacionarte con otros?

_____

_____

_____

_____

_____

_____

_____

_____

¿Qué palabras de aliento le darías a tu niña interior, a tu niño interior?

_____

_____

_____

_____

_____

_____

_____

_____

¿Qué paso concreto podrías dar para comenzar a hablar de lo que viviste?

_____

_____

_____

_____

_____

_____

_____

_____

¿Qué huellas emocionales crees que ha dejado la violencia en tu vida?

_____

_____

_____

_____

_____

_____

_____

_____

¿Qué mensaje le darías hoy a tu yo del pasado que sufrió violencia?

_____

_____

_____

_____

_____

_____

_____

_____

¿Cómo te afecta esto en tu día a día?

_____

_____

_____

_____

_____

_____

_____

_____

¿Qué pensamientos negativos repites con frecuencia?

_____

_____

_____

_____

_____

_____

_____

_____

¿Qué verdad de fe puedes usar para reemplazar esos pensamientos?

_____

_____

_____

_____

_____

_____

_____

_____

¿Qué primer paso puedes dar para romper un ciclo emocional destructivo?

Perdonar para ser libres

Perdonar no significa justificar lo que pasó, sino soltar la ira y el deseo de venganza, y dejar que Dios sea el juez. El perdón es un camino hacia la sanidad y la libertad emocional y espiritual.

¿A quién necesito perdonar?

_____

_____

_____

_____

_____

_____

¿Podría pedirle a Dios la fortaleza que hoy me falta para perdonar?

_____

_____

_____

_____

_____

_____

Entregar el dolor a Cristo

Jesús no solo llevó nuestros pecados en la cruz, también cargó con nuestro dolor emocional. Podemos entregarle nuestras heridas en oración, sabiendo que Él entiende y se compadece.

Echando toda vuestra ansiedad, dolor, tristeza y miedo sobre Él, porque Él tiene cuidado de vosotros. (1 Pedro 5:7).

¿He entregado verdaderamente mis heridas a Cristo o sigo cargándolas sola?

_____

_____

_____

_____

_____

_____

_____

_____

_____

_____

_____

¿Qué oración de entrega puedes hacer hoy?

Renovar la mente en Cristo

Dios desea transformar nuestra manera de pensar, reemplazando las mentiras del pasado por la verdad de su Palabra. Cuando la mente se renueva, el corazón comienza a caminar en libertad.

Dios no solo quiere perdonarte, también desea sanarte y restaurarte. Tu pasado no define tu futuro. En Cristo eres una nueva creación.

El Señor sana a los quebrantados de corazón y venda sus heridas. (Salmo 147:3).

El Señor está cerca de los quebrantados de corazón y salva a los de espíritu abatido. (Salmo 34:18).

Palabras de afirmación

No estoy a solas ni en abandono. Dios siempre está conmigo. Él no me abandona ni me olvida.

No te dejaré ni te abandonaré. (Josué 1:5).

Dios es mi refugio

Cuando tengo miedo, corro a los brazos de mi Padre celestial.

Dios es nuestro refugio y fortaleza. (Salmo 46:1).

Soy fuerte en Cristo

Aunque haya caído, me levanto en el poder de Dios.

Todo lo puedo en Cristo que me fortalece. (Filipenses 4:13).

Tengo valor y dignidad - Mujer

Soy hija de Dios, creada con propósito, digna de amor y respeto.

Mujer vestida de fuerza y dignidad. (Proverbios 31:25).

Tengo valor y dignidad - Hombre

Soy hijo de Dios, creado con propósito, digno de amor y respeto.

Porque somos hechura suya, creados en Cristo Jesús para buenas obras. (Efesios 2:10)

Dios pelea por mí

Tengo quien me defienda en esta batalla. Dios es el que va delante de mí.

El Señor peleará por vosotros. (Éxodo 14:14).

Mi historia no termina en el dolor

Lo que viví no define mi final. Dios tiene un nuevo comienzo para mí.

Planes de bienestar y no de calamidad, para darles un futuro y una esperanza. (Jeremías 29:11).

Dios sana mis heridas

Aunque mi corazón esté quebrantado, Él me está restaurando por dentro.

Él sana a los quebrantados de corazón. (Salmo 147:3).

No tengo miedo del mañana

Dios guía cada paso que doy, aun cuando no veo el camino completo.

Confía en el Señor con todo tu corazón. (Proverbios 3:5).

Dios me ama

No importa quién me falló, Dios nunca ha dejado de amarme.

Con amor eterno te he amado. (Jeremías 31:3).

Dios abre nuevas puertas

Dios está haciendo algo nuevo en mí. **Mi mejor temporada comienza ahora.**

He aquí, yo hago cosas nuevas. (Isaías 43:19).

El alma que se castiga no se ha perdonado. El alma que sana aprende a amarse con ternura y compasión. La sanidad es un camino.

Hoy renuncio al sufrimiento y elijo sanar.

Oración:

Señor, reconozco que he vivido con dolor. Hoy te pido con todo mi corazón que sanes mis heridas, aquellas que me hicieron creer que merecía sufrir. Enséñame a recibir tu amor sin miedo y a vivir en paz sin culpa. Rompe todo patrón de autodestrucción y lléname de tu libertad. En el nombre de Jesús. Amén.

CONFERENCIA
SANA
Y VIVE

Un llamado a sanar heridas profundas, romper ciclos de violencia y recuperar identidad, fe y propósito desde una sanidad integral.

¿Qué aprenderás?

- Romper ciclos de violencia
- Sanar heridas de la infancia
- Restaurar tu identidad
- Sanidad integral

Ideal para iglesias, refugios o eventos comunitarios.

LLEVA ESTA CONFERENCIA A TU CIUDAD

Whatsapp:
+1 (805) 423-4262

Antonia Winters

CAPÍTULO 12

Sanidad Interior

Hay dolores que no se ven, pero pesan más que cualquier herida física. Dolor que aprendiste a guardar, a esconder, a callar... porque seguir adelante parecía más urgente que detenerte a sanar. Tal vez funcionaste así por años. Sobreviviste. Pero sobrevivir no es lo mismo que vivir.

Muchas personas llegan hasta aquí cansadas de intentar soluciones rápidas. Oraron, cambiaron, prometieron, aguantaron... y aun así el vacío volvió. No porque fallaron, sino porque **nadie les enseñó a sanar por dentro**. La sanidad interior no es maquillaje espiritual ni fuerza de voluntad. Es un proceso profundo **donde el alma vuelve a respirar**.

Este capítulo es una invitación a detenerte. A mirarte con verdad. A reconocer que hay áreas donde fuiste fuerte para sobrevivir, pero frágil para sanar. **Y no hay vergüenza en eso**. Todos, en algún punto, aprendimos a protegernos como pudimos.

Aquí no te hablo desde la teoría. Te hablo desde la experiencia, desde caminar con personas quebrantadas que hoy viven en libertad. Te hablo como hermana, como consejera, como alguien que también tuvo que tomar la decisión de sanar.

Si llegaste hasta esta página, no es casualidad. **Dios no sana a la carrera, sana a profundidad**. Y en este capítulo vas a descubrir que la sanidad no es un momento emocional, sino **un camino diario** donde Dios camina contigo, paso a paso, hasta devolverte la paz que creíste perdida.

Respira. Abre el corazón. Aquí comienza el trabajo más importante... sanar desde adentro.

La sanidad es una decisión y un camino constante

La sanidad interior no ocurre por casualidad. No es un sentimiento, ni un impulso, ni un momento emocional pasajero. La sanidad es **una decisión del corazón**, un acto de valentía en el que elegimos mirar hacia dentro, enfrentar la verdad y permitir que Dios nos ayude en las áreas donde aprendimos a sobrevivir, pero no a sanar.

La decisión es un acto de fe, no de emoción.

Muchas personas esperan sentirse listas para sanar, pero la sanidad no llega por lo que sentimos, llega cuando decidimos. Decidir sanar abre la puerta para que Dios obre en nuestra vida.

El proceso es un camino diario.

Sanar no es un evento, es un proceso continuo. Cada día elegimos avanzar un poco más hacia la libertad. Dios ya preparó la sanidad, pero caminamos hacia ella paso a paso.

Las barreras que intentarán detenerte

Todo proceso de sanidad enfrenta oposición. No porque Dios no quiera sanarte, sino porque el enemigo conoce el poder que tendrán tus cicatrices cuando ya no duelan.

La perseverancia es donde ocurre el milagro.

Muchos desean sanar, pero pocos permanecen. Es en la constancia donde sucede la transformación verdadera.

Hay una promesa de que tu futuro será diferente.

Quien decide sanar, cambia su historia.

Por eso...

Decide cambiar también la de tus hijos y generaciones futuras.

Decide soltar el pasado.

Decide dejar de justificar patrones que dañan.

Decide enfrentar verdades incómodas.

Decide permitir que Dios toque lo que hemos ocultado.

Sanar implica pasos constantes. A veces no verás cambios drásticos, pero cada paso cuenta: una oración, una conversación, un límite que estableces, un pensamiento que eliges soltar.

Habrá momentos de avance y momentos de pausa. La sanidad no es una línea recta. Habrá días de victoria y días de cansancio. Ambos forman parte del camino.

Caer no cancela la sanidad. Rendirse sí.

Dios no te exige perfección, te pide perseverancia.

No nos cansemos de hacer el bien; porque a su tiempo segaremos, si no desmayamos. (Gálatas 6:9).

El desánimo intentará decirte que no estás cambiando. El cansancio emocional puede hacerte dudar. El miedo al pasado puede paralizarte. Pero Dios no te pide enfrentar nada sin Él.

Bástate mi gracia, porque mi poder se perfecciona en la debilidad. (2 Corintios 12:9).

La perseverancia te convierte en testimonio.

Lo que te hirió será lo que Dios usará para sanar a otros.

El que comenzó en vosotros la buena obra, la perfeccionará. (Filipenses 1:6).

No te rindas. **La sanidad es una decisión**. La sanidad es un camino. Dios te recuerda: sigue avanzando, Yo estoy contigo.

Porque tú formaste mis entrañas; me hiciste en el vientre de mi madre. Te alabo porque soy creación admirable. (Salmo 139:13-14).

Versículos bíblicos de sanidad y restauración

Salmo 34:18 – *Cercano está el Señor a los quebrantados de corazón.*

Salmo 147:3 – *Él sana a los quebrantados de corazón y venda sus heridas.*

Isaías 61:1 – *Me ha enviado a sanar a los quebrantados de corazón.*

Sanidad interior y emocional

Jeremías 30:17 – *Haré venir sanidad para ti y sanaré tus heridas.*

Isaías 41:10 – *No temas, porque yo estoy contigo.*

Mateo 11:28 – *Venid a mí todos los que estáis trabajados y cargados.*

Restauración espiritual

Joel 2:25 – *Os restituiré los años que comió la oruga.*

Isaías 43:19 – *He aquí, yo hago cosa nueva.*

Salmo 51:10 – *Crea en mí, oh Dios, un corazón limpio.*

Sanidad física

Éxodo 15:26 – *Yo soy el Señor tu sanador.*

Isaías 53:5 – *Por su llaga fuimos curados.*

Santiago 5:15 – *La oración de fe salvará al enfermo.*

Restauración completa del alma

3 Juan 1:2 – *Que prosperes así como prospera tu alma.*

Salmo 23:3 – *Confortará mi alma.*

1 Pedro 5:10 – *Él mismo os perfeccione, afirme y fortalezca.*

Sanidad del pasado y restauración de la memoria

Isaías 43:18 – *No os acordéis de las cosas pasadas.*

Filipenses 3:13-14 – *Olvidando lo que queda atrás, prosigo a la meta.*

2 Corintios 5:17 – *Las cosas viejas pasaron, todo es hecho nuevo.*

Promesas de restauración total

Apocalipsis 21:4 – *Dios enjugará toda lágrima.*

Salmo 30:11 – *Has cambiado mi lamento en baile.*

Isaías 58:11 – *Serás como huerto de riego, lleno de vida.*

Este cuadro me lo regaló uno de los participantes que llegó buscando ayuda por violencia doméstica. Yo lo invité a ser parte del grupo de mujeres porque quería que viera **que el dolor y el sufrimiento no tienen género**, que todos sangramos igual.

Fue un grupo hermoso, lleno de respeto y aprendizaje. Ellas aprendían de su historia y él aprendía de la historia de ellas. **Cuando hay verdad, el dolor se convierte en puente y no en barrera**.

Años después, cuando terminó su proceso, volvió a la oficina y me regaló este cuadro que él mismo hizo. En esta obra están plasmadas las vivencias del dolor causado por la violencia doméstica, pero también el proceso de sanidad que comenzó a transformar su historia.

No podemos forzar a nadie a tomar la decisión de sanar. Cada persona tiene su propio tiempo, pero cuando el corazón se abre, la sanidad encuentra su camino.

CAPÍTULO 13

Almas Que Gritan

A continuación, lo que te comento en este capítulo nace de una dolorosa verdad que no podemos seguir ignorando. La violencia no es una idea, no es una estadística fría ni un tema lejano. **Es una herida viva que atraviesa hogares, generaciones y corazones**, muchas veces en silencio, muchas veces normalizada.

Detrás de cada número hay un rostro, una historia, una infancia marcada, una mujer cansada, un hombre callando su dolor, un niño aprendiendo a sobrevivir en lugar de aprender a amar. **Las cifras no gritan, pero el alma sí**, y en estas líneas quiero darle voz a ese clamor.

Tal vez al leer estas estadísticas algo se mueva dentro de ti. Tal vez incomodidad, tristeza, coraje o despertar. No es casualidad. **La conciencia es el primer paso para la**

transformación, y mirar la realidad con verdad es un acto de valentía.

No comparto estos datos para causar miedo, sino para provocar responsabilidad. Porque **lo que se ve, se enfrenta**, y lo que se enfrenta puede cambiar. Como familias, como comunidad y como iglesia, no podemos seguir mirando hacia otro lado.

Este capítulo no es solo información. Es un llamado. **Un llamado a despertar, a proteger, a sanar y a actuar.** Porque una persona sana puede cambiar una familia... y una familia sana puede cambiar generaciones.

Estadísticas de violencia doméstica en Estados Unidos

Mujeres víctimas de violencia doméstica

Más de 1 de cada 3 mujeres (35.6%) han experimentado violación, violencia física o acoso por parte de una pareja íntima a lo largo de su vida.

Hombres víctimas de violencia doméstica

Aproximadamente 1 de cada 4 hombres (28.5%) han sufrido violación, violencia física o acoso por parte de una pareja íntima.

Comparación adicional

Cerca de 1 de cada 4 mujeres (25%) y 1 de cada 9 hombres (11%) experimentan violencia doméstica en algún momento de su vida.

Estadísticas de abuso infantil en Estados Unidos

Más de 600,000 niñas y niños al año son víctimas confirmadas de abuso antes de los 18 años. Los tipos más comunes incluyen negligencia, abuso físico, emocional y sexual.

Suicidio en jóvenes

El suicidio es la segunda causa de muerte entre jóvenes de 10 a 24 años. Más del 18% de los adolescentes reportan ideas suicidas. Factores de riesgo incluyen depresión, trauma, abuso, bullying, aislamiento y conflictos familiares.

Estadísticas de abuso infantil en México

Según la Encuesta Nacional sobre la Dinámica de las Relaciones en los Hogares, el 41.8% de las mujeres de 15 años o más declaró haber vivido violencia en su infancia.

Alrededor de 6 de cada 10 niñas, niños y adolescentes de 1 a 14 años han sufrido algún método de disciplina violenta. Al menos 1 de cada 2 ha sufrido agresiones físicas o emocionales.

En 2021 se reportaron aproximadamente 22,410 víctimas de delitos sexuales contra niñas, niños y adolescentes. Se estima que muchos casos no se denuncian, por lo que las cifras reales pueden ser mayores.

En 2022 y 2023, miles de niñas, niños y adolescentes fueron hospitalizados por violencia familiar. Informes recientes indican que más de 2,200 menores fueron víctimas de homicidio, reflejando un nivel extremo de violencia.

Detrás de cada número hay una vida, una historia y un corazón que necesita sanidad. La concientización, prevención, acompañamiento y sanidad interior son urgentes.

Los adultos tenemos la responsabilidad de sanar para que nuestros niños crezcan con seguridad, amor y protección. Una persona herida hiere. Una persona sana, sana.

No basta con leer, escuchar u orar sin actuar. Estamos llamados a reflejar el amor de Dios sin juzgar ni criticar. Dios no es una religión, es relación y acción.

Defended al débil y al huérfano; haced justicia al afligido. (Salmo 82:3).

La religión pura es cuidar de los huérfanos y viudas. (Santiago 1:27).

No oprimáis a la viuda, al huérfano ni al extranjero. (Zacarías 7:10).

Estadísticas de violencia doméstica en México

El 60% de las agresiones ocurre dentro del hogar. La forma más común es la violencia ejercida por la pareja, y en muchos casos termina en muerte.

Hasta el 70% de las mujeres ha experimentado violencia física o sexual por parte de su pareja. En muchos casos, la violencia comenzó en la infancia.

Hombres víctimas de violencia doméstica en México

1 de cada 3 hombres ha sufrido violencia física, sexual o acoso por parte de una pareja íntima a lo largo de su vida.

Hagamos un cambio

No cierro este capítulo con números, lo cierro con una verdad que pesa más que cualquier estadística: la violencia se sostiene en el silencio, pero **se rompe con conciencia y acción**. Ya viste la realidad. Ya sentiste el impacto. Ahora sabes que no es un problema ajeno ni lejano. Vive en casas, en familias, en historias que caminan a nuestro lado.

Este no es un capítulo para pasar rápido. Es un espejo. Porque **cuando abrimos los ojos, ya no somos los mismos**. Y cuando sabemos, también somos responsables. Responsables de sanar lo nuestro, de proteger a los pequeños, de creerle a quien habla, de no justificar lo injustificable.

No podemos cambiar el mundo entero, pero sí podemos cambiar nuestro mundo. **Una persona sana cambia una familia. Una familia sana cambia generaciones.** El abuso no se corta solo con palabras bonitas, se corta con decisiones firmes, con límites, con acompañamiento, con amor activo.

Tal vez tú no puedas salvar a todos, pero puedes empezar contigo. Puedes dejar de normalizar el dolor. Puedes elegir no callar. Puedes convertirte en un espacio seguro. **La diferencia comienza contigo.**

Hoy doy gracias porque encontré una familia espiritual que refleja el corazón de Cristo en **Radiant Central Coast** en Grover Beach, California. Acompaño un grupo de mujeres llamado **Perlas Radiantes**, junto a Roquelys, Alejandra y Lulú.

Aquí ninguna camina sola. Juntas sanamos, rompemos ciclos, oramos unas por otras y construimos un futuro de esperanza.

A través de todos estos años, he visto cómo Dios sana, restaura y levanta comunidades completas cuando alguien se atreve a dar el primer paso. No camines a solas. Busca ayuda. Busca apoyo. Camina en compañía.

Porque aquí está la verdad final de este capítulo: **las almas siguen gritando... pero tú puedes ser parte de la respuesta.**

CONCLUSIÓN

Recuerdo a una mujer sentada frente a mí, con las manos temblando y la mirada cansada. No lloraba. Ya no tenía lágrimas. Me dijo en voz bajita: "Creo que así es la vida... aguantar". Ese día no le di un discurso. Solo le dije: "No naciste para aguantar, naciste para vivir". Meses después volvió distinta. Sonreía. Había aprendido a hablar, a poner límites, a perdonar sin seguir sangrando. **Había sanado**.

Cuando comenzaste este libro, te prometí algo: que no solo entenderías tu dolor, sino que aprenderías a sanarlo y a romper los ciclos que te atraparon por años. Hoy te pregunto con amor... ¿lo sentiste? ¿Algo se movió dentro de ti? Si la respuesta es sí, entonces la promesa se está cumpliendo.

A lo largo de estas páginas aprendimos a reconocer la violencia y a dejar de normalizarla. A entender que el abuso deja huellas profundas, pero que **las huellas no tienen que**

definir tu destino. Aprendimos que el silencio enferma y que hablar sana. Que el perdón no es justificar, sino soltar. Que sanar es una decisión diaria, no un evento mágico.

Aprendimos a mirar la niñez con verdad, a abrazar al niño herido que vive dentro del adulto. A entender que una persona herida hiere, pero **una persona sana puede sanar generaciones**. Descubrimos que la fe no es aguantar, sino confiar. Que Dios no vino a juzgarte, vino a restaurarte.

También aprendiste herramientas prácticas: escribir, orar, reflexionar, poner límites, pedir ayuda. Aprendiste a cuidar tu alma, tu cuerpo y tu espíritu. Aprendiste que la sanidad es integral y que no estás sola en este camino.

Ahora quiero que imagines tu vida aplicando todo esto. Te veo despertando sin ese nudo en el pecho. Te veo tomando decisiones desde la paz, no desde el miedo. Te veo hablando con tu verdad, poniendo límites sin culpa, amándote con dignidad. Te veo criando hijos libres, formando relaciones sanas, viviendo sin esconderte.

No va a ser perfecto. Habrá días difíciles. Pero ya no caminarás a ciegas. **Ahora tienes una ruta.** Sabes qué hacer cuando el dolor quiera regresar. Sabes a quién acudir. Sabes que Dios camina contigo.

Quiero decirte algo muy importante: **tu historia no termina aquí.** Este libro no es un punto final, es un punto de partida. Lo que hagas con lo que aprendiste está en tus manos. Nadie puede sanar por ti. Pero sí puedes elegir seguir caminando.

Si hoy sientes el deseo de hablar, de pedir ayuda, de no volver a callar, escríbeme. No como autora, sino como alguien que camina contigo.

Puedes contactarme por WhatsApp al **+1 (805) 423-4262**. A veces, una conversación es el siguiente paso que el alma necesita.

Ahora que tienes las herramientas, úsalas. Vuelve a estas páginas las veces que haga falta. Escribe. Ora. Habla. Descansa. Perdona. Vive.

Y nunca olvides esto: **no tienes el alma rota, solo estás en proceso.**

Y el final del proceso... **ya comenzó.**

Con amor,

Antonia Winters

AGRADECIMIENTOS

Agradezco primeramente a Dios, Padre de toda gloria y majestad. A Él, que tomó mis cenizas y las transformó en belleza, que me sostuvo cuando mis fuerzas se agotaron, que llenó mis noches de esperanza y mis días de propósito. Gracias por Su fidelidad, por Su amor que restaura, por Su gracia que renueva y por Su luz que nunca dejó de alumbrar mi camino. A Dios sea toda la honra, la gloria y la alabanza, hoy y siempre.

A mi madre Petra Pichardo por haberme inspirado a escribir este libro. A ella le hice la promesa de que algún día ayudaría a muchas mujeres a salir de la violencia doméstica, a sanar y a salir del dolor. Hoy, con este libro, estoy alcanzando más mujeres. Promesa cumplida.

A mi esposo amado, Ronald Winters. Contigo aprendí lo que es el amor ágape y el perdón constante. A tu lado comprendí el dolor que muchos hombres cargan en silencio y cómo Dios puede restaurar incluso lo que parece perdido.

A mis tesoros, regalos de vida, mis hijos: Ronnie, Priscilla, Felicia y Elijah. Mi deseo es dejarles un legado de vida, un camino sembrado de amor, perdón y fe, donde cada paso que den esté guiado por la verdad. Que sus corazones encuentren refugio en el amor de Dios y que el perdón sea la llave de una sanidad eterna. Que vivan con propósito, con valentía y con esperanza, sabiendo que Dios ha preparado para ustedes un futuro lleno de luz, paz y prosperidad. Y recuerden que mi oración siempre es esta: que conozcan el amor que transforma, la fe que sostiene y el perdón que libera.

A mis hermanas: Elena Muñoz; Irene Melgoza; Martha Holguín; Imelda Holguín. Cada una vivió su propia historia y su propio dolor. Hermanas, las amo y las respeto. Agradezco a Dios por cada una de ustedes y por el camino que hemos recorrido juntas. Hemos caminado juntas en el dolor y ahora en el camino de la sanidad, con el deseo de sanar y crecer como hermanas, mujeres, esposas y madres, aprendiendo a levantarnos con amor y dignidad.

A mis hermanos Gustavo, Adolfo, Reynaldo, Martín, Héctor, Ernesto y Salvador. Los quiero mucho. Sé que el camino no ha sido fácil, pero Dios es grande y la buena obra que comenzó en ustedes, Él la terminará (Filipenses 1:6).

Cada proceso, cada paso, cada batalla y cada lágrima tienen un propósito que Dios usa para formar el corazón y fortalecer el alma.

ANTONIA WINTERS

ANTONIA WINTERS es consejera certificada en violencia doméstica y abuso sexual, capellana y autora de este libro, dedicada desde hace más de 25 años al acompañamiento, la sanidad interior y la restauración de personas y familias heridas por el abuso y la violencia.

Nacida en Zacatecas, México, y actualmente radicada en San Luis Obispo, California, Antonia ha enfocado su vida y vocación en ayudar a romper ciclos de dolor que por generaciones han marcado hogares y corazones. Su trabajo se centra en la sanidad emocional y espiritual, la prevención del abuso y la reconstrucción de la identidad desde la fe, la dignidad y el amor.

Cuenta con certificaciones en consejería de violencia doméstica y abuso sexual, y sirve también como capellana, integrando su formación profesional con una profunda vocación de servicio, compasión y acompañamiento humano. A lo largo de su trayectoria ha participado en conferencias, talleres, grupos de apoyo y procesos de consejería individual, ofreciendo orientación en momentos de crisis y caminando de la mano con quienes buscan restauración.

Antonia es reconocida por crear espacios seguros donde las personas pueden hablar sin miedo, sanar sin culpa y redescubrir su propósito. Su enfoque es cercano, claro y profundamente humano, combinando experiencia, fe y sensibilidad.

En su vida personal, disfruta caminar por la playa, conectar con la naturaleza, cocinar nuevas recetas, ver documentales y escuchar música, prácticas que nutren su equilibrio emocional y espiritual. Su mensaje es sencillo y poderoso: **la sanidad es posible, y un nuevo comienzo siempre está al alcance.**

¡FELICIDADES POR LLEGAR HASTA AQUÍ!

Querido lector,

Llegar hasta aquí no es casualidad. Si terminaste este libro, es porque tu corazón decidió no rendirse y tu alma eligió sanar.

Quiero agradecerte profundamente por caminar estas páginas conmigo. Cada palabra fue escrita con amor, con verdad y con la esperanza de que me sintieras a tu lado en este proceso. Este libro nació para acompañarte, no para señalarte.

Ahora quiero pedirte algo sencillo, pero muy valioso. Tu experiencia puede convertirse en luz para alguien más que hoy está donde tú estuviste al comenzar este camino.

Si este libro te habló, te confrontó, te abrazó o te dio esperanza, te invito a compartirlo. **Deja un comentario honesto y sincero en Amazon.** No tiene que ser perfecto, solo verdadero, como tu historia.

Tus palabras pueden ayudar a otra persona a romper el silencio, a pedir ayuda y a creer que la sanidad sí es posible. También son un regalo para mí, porque me recuerdan que este llamado vale la pena.

Gracias por confiarme tu tiempo, tu corazón y tu proceso. Sigue caminando. Sigue sanando. Sigue eligiendo la vida.

ANTONIA WINTERS

AGENDA UNA CITA

¿Quieres sanar de tus heridas y volver a vivir?

Agenda una sesión con Antonia Winters y comienza un camino de restauración emocional y espiritual, donde tu historia es escuchada con respeto, fe y compasión.

Sana heridas profundas, rompe ciclos de violencia y reconstruye tu vida con dignidad, paz y esperanza.

Sanar es posible.
Sana ya. Vive ya.

Reserva Una Sesión Hoy

Antonia Winters

Consejera

+1 (805) 423-4262

WHATSAPP

CONSEJERÍA

Ayudo a personas
heridas por
violencia doméstica

BENEFICIOS

Claridad emocional y espiritual
Ruptura de ciclos de violencia
Sanidad interior profunda
Fortalecimiento de identidad
Y mucho más...

CONTÁCTAME *HOY* MISMO

+1 (805) 423-4262

Consejería individual y en grupo
para mujeres, hombres y familias
en proceso de sanidad.

CONFERENCIA
SANA
Y VIVE

Un llamado a sanar heridas profundas, romper ciclos de violencia y recuperar identidad, fe y propósito desde una sanidad integral.

¿Qué aprenderás?

- Romper ciclos de violencia
- Sanar heridas de la infancia
- Restaurar tu identidad
- Sanidad integral

Ideal para iglesias, refugios o eventos comunitarios.

LLEVA ESTA CONFERENCIA A TU CIUDAD

Whatsapp:
+1 (805) 423-4262

Antonia Winters

¿Tienes una historia para contar?

Nos gustaría escucharla...

TU HISTORIA
MERECE SER CONTADA

En Editorial Misión creemos que **tu historia puede transformar vidas**.

Te acompañamos desde la idea hasta el libro terminado, para que **tu testimonio inspire y deje huella**.

- Escuchamos tu historia
- Le damos forma y estructura
- Escribimos y editamos contigo
- Diseñamos y publicamos
- Te ayudamos a compartirlo con el mundo

*"Escribir es **sanar**, publicar es **bendecir**"*

MISIÓN

Da el primer paso hoy:

WhatsApp: +1-480-278-6083
info@editorialmision.com
www.EditorialMision.com